Michael Kossens

Die Befristung im Arbeitsverhältnis

Fragen und Antworten

Mit Online-Quiz unter
www.bund-verlag.de/faq-quiz

Michael Kossens

Die Befristung im Arbeitsverhältnis

Gesetzliche Grundlagen
Praxistipps
Mitbestimmung für Betriebs- und Personalräte

BUND
VERLAG

Bibliografische Information der Deutschen Nationalbibliothek
Die Deutsche Nationalbibliothek verzeichnet diese Publikation in der Deutschen Nationalbibliografie; detaillierte bibliografische Daten sind im Internet über *http://dnb.d-nb.de* abrufbar.

Umschlag: fsvk designbüro für visuelle Kommunikation, Großostheim
Satz: Dörlemann Satz, Lemförde
Druck: Druckerei C.H. Beck, Bergerstraße 3, 86720 Nördlingen

ISBN 978-3-7663-7635-0

kontakt@bund-verlag.de
www.bund-verlag.de

Inhaltsverzeichnis

Abkürzungsverzeichnis

Abs.	Absatz
ÄArbVtrG	Gesetz über befristete Arbeitsverträge mit Ärzten in der Weiterbildung
BAG	Bundesarbeitsgericht
BEEG	Bundeselterngeld- und Elternzeitgesetz
BetrVG	Betriebsverfassungsgesetz
BGB	Bürgerliches Gesetzbuch
BPersVG	Bundespersonalvertretungsgesetz
BVerfG	Bundesverfassungsgericht
DIW	Deutsches Institut für Wirtschaftsforschung
EFZG	Entgeltfortzahlungsgesetz
EuGH	Europäischer Gerichtshof
gem.	gemäß
HRG	Hochschulrahmengesetz
IAB	Institut für Arbeitsmarkt- und Berufsforschung
i. S. d.	im Sinne des
i. S. v.	im Sinne von
i. V. m.	in Verbindung mit
KSchG	Kündigungsschutzgesetz
MuSchG	Mutterschutzgesetz
NPersVG	Niedersächsisches Personalvertretungsgesetz
PflegeZG	Gesetz über die Pflegezeit
SGB II	Sozialgesetzbuch Zweites Buch
SGB VI	Sozialgesetzbuch Sechstes Buch
sog.	sogenannte/r
SVR	Sachverständigenrat zur Begutachtung der gesamtwirtschaftlichen Entwicklung

TV-L	Tarifvertrag der Länder
TVöD	Tarifvertrag öffentlicher Dienst
TzBfG	Teilzeit- und Befristungsgesetz
WissZeitVG	Wissenschaftszeitvertragsgesetz
WSI	Wirtschafts- und Sozialwissenschaftliches Institut
z. B.	zum Beispiel

Einleitung

Befristete Arbeitsverhältnisse gehören nach wie vor zum betrieblichen Alltag in Deutschland. Im Jahr 2023 waren in Deutschland 7,5 % der Arbeitnehmer über 25 Jahren befristet beschäftigt. Im gleichen Jahr waren nach Angaben des Statistischen Bundesamtes fast 38 % der Neuanstellungen in Deutschland befristet; bei Personen unter 25 Jahren sogar fast die Hälfte. Im europäischen Vergleich lag Deutschland im Jahr 2024 unter dem EU-Durchschnitt von 9,6 % und bewegte sich im Vergleich zu anderen EU-Mitgliedsländern im Mittelfeld. Besonders hoch waren die Befristungsquoten in den Niederlanden mit rund 17,8 % sowie in Spanien (14,0 %) und Portugal (13,4 %).

Die Befristung von Arbeitsverträgen unterliegt – soweit nicht Spezialgesetze greifen – den Vorschriften des Teilzeit- und Befristungsgesetzes. Zu den Spezialgesetzen gehören

- das Gesetz über befristete Arbeitsverträge in der Wissenschaft (Wissenschaftszeitvertragsgesetz),
- das Gesetz über befristete Arbeitsverträge mit Ärzten in der Weiterbildung (ÄArbVtrG) und
- das Sozialgesetzbuch Sechstes Buch (Rentenversicherung).

Im vorliegenden Buch werden die jeweiligen Voraussetzungen der genannten Gesetze für die wirksame Vereinbarung eines befristeten Arbeitsvertrages dargestellt. Dabei wird die wichtige Unterscheidung zwischen Befristungen mit Sachgrund und solchen ohne Sachgrund, also den sachgrundlosen Befristungen, eingegangen. Die einzelnen Sachgründe, die eine Befristung rechtfertigen können, werden ebenso aufgeführt wie die Rahmenbedingungen, unter denen eine sachgrundlose Befristung erfolgen kann. Besonderes Augenmerk wird auf das sog. Vorbeschäftigungsverbot bei der sachgrundlosen Beschäftigung gelegt, dass in § 14 Abs. 2

TzBfG zwar grundsätzlich gesetzlich fixiert ist, aber erst durch die Rechtsprechung des BVerfG und des BAG seine praxisrelevante Konkretisierung erfahren hat.

Im Einzelnen wird auch auf die einzuhaltenden Formvorschriften sowie auf die Rechtsfolgen eingegangen, die eintreten, wenn die Befristung des Arbeitsverhältnisses zwischen Arbeitgeber und Arbeitnehmer unwirksam vereinbart worden ist. Schließlich werden auch die Möglichkeiten von Betriebs- und Personalräten aufgezeigt, den Befristungen von Arbeitsverhältnissen zu widersprechen und damit ihre praktische Bedeutung einzugrenzen. Die Antworten im vorliegenden Buch geben zudem Auskunft darüber, wie der Stand in der Rechtsprechung zur Missbrauchskontrolle bei Kettenbefristungen ist und welche konkreten Vorstellungen die amtierende Bundesregierung zur Reform des arbeitsrechtlichen Befristungsrechts hat.

Die einzelnen Fragen sind so gestellt, wie sie in der Praxis immer wieder auftreten und sich letztlich bis zu einer arbeitsgerichtlichen Auseinandersetzung fortsetzen können. Die Antworten sind – nach der jeweiligen Sachlage – kurz und prägnant, wobei darauf hinzuweisen ist, dass bei schwierigen Rechtsfragen keine umfassende Erklärung gegeben werden kann; dies würde den Rahmen dieses Ratgebers sprengen. Bei komplexen Rechtsfragen, die auch im Befristungsrecht auftreten können, kann die Notwendigkeit entstehen, kompetenten Rechtsrat einzuholen; diesbezüglich konnten lediglich innerhalb der maßgeblichen rechtlichen Grundlagen die wichtigsten Punkte angedeutet werden.

A. Grundlagen der Befristung

1. Was versteht man unter einer »Befristung« im arbeitsrechtlichen Sinne?

Im arbeitsrechtlichen Sinne versteht man unter einer Befristung die zeitliche Begrenzung eines Arbeitsverhältnisses. Das bedeutet, dass der Arbeitsvertrag von vornherein für eine bestimmte Dauer abgeschlossen wird. Das Arbeitsverhältnis endet nach Ablauf der vereinbarten Dauer oder dem Eintritt eines bestimmten Ereignisses automatisch, ohne dass es einer Kündigung bedarf.

Das Gegenteil von der Befristung ist der unbefristete Arbeitsvertrag. Der unbefristete Arbeitsvertrag endet nicht automatisch zu einem bestimmten Zeitpunkt oder wenn ein bestimmtes Ereignis (z. B. das Ende eines Projekts) eintritt. Das unbefristete Arbeitsverhältnis endet vielmehr erst durch eine Kündigung unter Einhaltung der für das Arbeitsverhältnis relevanten Kündigungsfrist oder durch einen zwischen den Arbeitsvertragsparteien, also Arbeitgeber und Arbeitnehmer geschlossenen Aufhebungsvertrag oder durch gerichtlichen Vergleich.

Die Befristung im arbeitsrechtlichen Sinne ist relativ weit verbreitet in Deutschland. Nach Angaben des Statistischen Bundesamtes waren im Jahr 2024 in Deutschland 7,0 % der Arbeitnehmer ab 25 Jahren befristet beschäftigt. Die Befristungsquote von Frauen mit 7,1 % und Männern mit 6,9 % unterscheiden sich dabei im Vergleich zu früher kaum mehr. 53,5 % der befristetet Beschäftigten besaßen 2024 einen Arbeitsvertrag mit einer Laufzeit von weniger als einem Jahr.

Im europäischen Vergleich lag Deutschland nach Angaben des Statistischen Bundesamtes unter dem EU-Durchschnitt von 9,6 %. Besonders hoch waren die Anteile der befristeten Arbeitsverträge in den Niederlanden (17,8 %), in Spanien (14,0 %) und in Portugal (13,4 %). Zu den acht Ländern mit Befristungsquoten von unter 5 % gehören Ungarn, Irland, Slowakei, Estland, Bulgarien, Lettland, Rumänien und Litauen. In den meisten anderen europäischen Staaten waren die Befristungsquoten von Frauen deutlich höher als die der Männer. Deutschland zählt schon länger zu den Ländern mit den geringsten Unterschieden zwischen Frauen und Männern.

2. Welche Formen der Befristung gibt es?

Man unterscheidet grundsätzlich zwei Arten von Befristungen, die kalendermäßige Befristung und die sog. Zweckbefristung:

- Bei der kalendermäßigen Befristung vereinbaren Arbeitgeber und Arbeitnehmer ein bestimmtes Datum, an dem der Arbeitsvertrag endet, ohne dass es einer Kündigung bedarf. Die kalendermäßige Befristung ist der in der Praxis überwiegende Teil der befristeten Arbeitsverträge. Typische Formulierung in einem Arbeitsvertrag wäre z. B.: »Der Arbeitsvertrag beginnt am 1. 1. 2026 und endet am 31. 7. 2027.«
- Bei der Zweckbefristung vereinbaren Arbeitgeber und Arbeitnehmer, dass das Arbeitsverhältnis beim Erreichen eines bestimmten Zwecks automatisch endet. Das Arbeitsverhältnis endet also nicht zu einem vorher festgelegten Datum, sondern in dem Zeitpunkt, in der der vertraglich festgelegte Zweck eintritt.

> **Beispiele für zweckbefristete Arbeitsverträge:**
> - Die Arbeitsvertragsparteien vereinbaren, dass das Arbeitsverhältnis mit Abschluss eines bestimmten Projekts, z. B. eines Bauvorhabens oder Forschungsprojekts, endet.
> - Die Arbeitsvertragsparteien vereinbaren, dass der Arbeitnehmer für die Dauer der Krankheit eines anderen Mitarbeiters angestellt wird.

Darüber hinaus unterscheidet man zwischen Befristungen mit Sachgrund und Befristungen ohne Sachgrund. Einzelheiten dazu sind in § 14 TzBfG und in Spezialgesetzen geregelt. Beide Formen des befristeten Arbeitsverhältnisses stellen Ausnahmen vom Grundsatz des unbefristeten Arbeitsverhältnisses dar. Allgemein kann man sagen, dass die Voraussetzungen für eine Befristung ohne Sachgrund höher sind als bei einer Befristung mit Sachgrund.

3. Welche Rechtsgrundlagen regeln die Befristung von Arbeitsverträgen?

Einzelheiten zur Befristung von Arbeitsverträgen sind in unterschiedlichen Gesetzen geregelt:

- In § 14 TzBfG ist in Absatz 1 die sog. Befristung mit Sachgrund geregelt. Dort sind acht Gründe aufgeführt, bei deren Vorliegen eine Befristung mit Sachgrund möglich ist. Diese acht Gründe sind aber nur exemplarisch. Auch andere – in § 14 Abs. 1 TzBfG nicht aufgeführte – Gründe können eine Befristung mit Sachgrund rechtfertigen, wenn sie von der Wertung mit den gesetzlich fixierten acht Gründen gleichwertig sind.
- In § 14 Abs. 2 TzBfG ist die sachgrundlose Befristung normiert. Darüber hinaus ist dort geregelt, bis zu welcher Dauer ein befristetes Arbeitsverhältnis ohne Sachgrund vereinbart werden darf und wie oft es verlängert werden kann.
- § 14 Abs. 2a TzBfG enthält eine Befristungserleichterung für neu gegründete Unternehmen. Diese können in den ersten vier Jahren nach ihrer Gründung ein Arbeitsverhältnis ohne Vorliegen eines sachlichen Grundes auf vier Jahre abschließen und das Arbeitsverhältnis innerhalb dieses Zeitraums mehrfach verlängern.
- § 14 Abs. 3 TzBfG enthält eine Sonderregelung für ältere Arbeitnehmer, die das 52. Lebensjahr überschritten haben. Für diesen Personenkreis kann die maximal zweijährige Befristungsdauer unter bestimmten Voraussetzungen auf fünf Jahre erhöht werden.
- Schließlich ist in § 14 Abs. 4 TzBfG das sog. Schriftformerfordernis enthalten. Danach bedarf die Befristung eines Arbeitsvertrages zu seiner Wirksamkeit der Schriftform.
- § 15 TzBfG bestimmt, dass ein befristeter Arbeitsvertrag automatisch mit Ablauf der vereinbarten Frist oder bei Eintritt des vereinbarten Zwecks endet, ohne dass es einer Kündigung bedarf.
- Nach § 16 TzBfG gilt ein Arbeitsvertrag als unbefristet, wenn die vereinbarte Befristung unwirksam ist.

- § 41 SGB VI (Rentenversicherung): Die strengen Regeln des § 14 Abs. 2 Satz 2 TzBfG gelten nicht für Arbeitnehmer, die die Regelaltersgrenze in der gesetzlichen Rente bereits erreicht haben. Allerdings darf das Arbeitsverhältnis bei demselben Arbeitgeber folgende Grenzen nicht überschreiten:
  - eine Höchstdauer von insgesamt acht Jahren oder
  - eine maximale Anzahl von zwölf befristeten Arbeitsverträgen.
- Das Gesetz über befristete Arbeitsverträge in der Wissenschaft (Wissenschaftszeitvertragsgesetz) regelt Einzelheiten zum Abschluss von befristeten Arbeitsverträgen mit dem wissenschaftlichen und künstlerischen Personal an Einrichtungen des Bildungswesens.
- Das Gesetz über befristete Arbeitsverträge mit Ärzten in der Weiterbildung (ÄArbVtrG).
- Neben gesetzlichen Vorschriften können auch in Tarifverträgen Regelungen für befristete Arbeitsverträge enthalten sein. § 14 Abs. 2 Satz 3 TzBfG sieht vor, dass bei der sachgrundlosen Befristung durch Tarifvertrag die Anzahl der Verlängerungen oder die Höchstdauer der Befristung festgelegt werden kann.

4. Wie unterscheidet sich die sachgrundlose Befristung von der Befristung mit Sachgrund?

Zunächst die Gemeinsamkeit: Sowohl die sachgrundlose Befristung als auch die Befristung mit Sachgrund ist in § 14 TzBfG geregelt. Beide Befristungsarten ermöglichen eine Befristung des Arbeitsverhältnisses, bei dessen Beendigung es keiner Kündigung bedarf.

Die sachgrundlose Befristung und die Befristung mit Sachgrund unterscheiden sich grundlegend hinsichtlich ihrer Voraussetzungen und der Dauer der Befristung.

Die Befristung mit Sachgrund ist in § 14 Abs. 1 TzBfG geregelt. Voraussetzung für die Befristung mit Sachgrund ist, dass einer der in § 14 Abs. 1 Satz 2 Nr. 1 bis 8 TzBfG genannten konkreten Gründe für eine Befristung vorliegt. Von der Rechtsprechung als Grund für eine Befristung anerkannt sind aber auch Gründe, die nicht ausdrücklich in § 14 Abs. 1 Satz 2 Nr. 1–8 TzBfG aufgeführt sind, die aber von der Wertung her den aufgeführten

Gründen gleichstehen. Liegt ein solcher Grund vor, kann die Befristung im Grundsatz so lange andauern, bis der sachliche Grund wegfällt.
Die Befristung mit Sachgrund kann auch mehrfach wiederholt werden, vorausgesetzt, es liegt ein sachlicher Grund vor. Die Befristung mit Sachgrund kann auch dann gewählt werden, wenn der Arbeitnehmer bereits im Betrieb des Arbeitgebers zuvor befristet oder unbefristet tätig gewesen ist. Das für die sachgrundlose Befristung in § 14 Abs. 2 TzBfG normierte Vorbeschäftigungsverbot gilt also bei der Befristung mit Sachgrund nicht.
Die sachgrundlose Befristung ist in § 14 Abs. 2 TzBfG geregelt. Im Gegensatz zur Befristung mit Sachgrund muss bei der sachgrundlosen Befristung kein Grund für die Befristung vorhanden sein. Die Voraussetzungen für die sachgrundlose Befristung sind also geringer als bei der Befristung mit Sachgrund. Deshalb hat der Gesetzgeber die sachrundlose Befristung an anderer Stelle, nämlich bei der Dauer und der Vermeidung von Befristungsketten, stärker eingeschränkt als die Befristung mit Sachgrund.
Die Dauer der sachgrundlosen Befristung ist auf maximal zwei Jahre begrenzt. Innerhalb dieses Zeitraums ist die höchstens dreimalige Verlängerung möglich. Bei der sachgrundlosen Befristung gilt das sog. Vorbeschäftigungsverbot. Danach kommt eine sachgrundlose Befristung nur dann in Betracht, wenn der Arbeitnehmer nicht zuvor beim selben Arbeitgeber bereits beschäftigt gewesen ist.

5. Welche Formvorschriften gelten für befristete Arbeitsverträge?

Die Befristung eines Arbeitsvertrages bedarf zu ihrer Wirksamkeit der Schriftform, § 14 Abs. 4 TzBfG. Der Arbeitsvertrag muss demnach schriftlich vor Arbeitsbeginn abgeschossen werden. Die Befristung ist unwirksam, wenn die Arbeitsvertragsparteien den befristeten Vertrag erst nach Arbeitsaufnahme durch den Arbeitnehmer unterzeichnet haben.

Wichtig:
Die Schriftform ist zwingend und kann nicht von den Arbeitsvertragsparteien, also Arbeitgeber und Arbeitnehmer, abbedungen werden. Arbeitgeber und Arbeitnehmer können also nicht mündlich miteinander wirksam vereinbaren, dass sie auf die Schriftform verzichten.

Schriftform bedeutet, dass der Arbeitsvertrag von den Arbeitsvertragsparteien, also Arbeitgeber und Arbeitnehmer, eigenhändig unterschrieben werden muss. Die eigenhändige Unterzeichnung kann entweder handschriftlich oder durch elektronische Signatur erfolgen. Ein bloß mündlich vereinbarter befristeter Vertrag ist ungültig.
Was muss im schriftlichen Arbeitsvertrag enthalten sein? Dabei ist zu unterscheiden, was nach dem Nachweisgesetz enthalten sein muss und welche Anforderungen an das Schriftformgebot § 14 Abs. 4 TzBfG stellt.
Nach dem Nachweisgesetz ist Folgendes schriftlich zu dokumentieren:

- Name und Anschrift des Arbeitgebers und des Arbeitnehmers
- Beginn und Ende des Arbeitsverhältnisses
- Ort der Arbeitsleistung
- Tätigkeitsbeschreibung
- Wochenarbeitszeit ggf. Arbeitszeitmodelle
- Vergütung inkl. Überstunden, Zulagen, Zuschläge
- Urlaub
- Kündigungsfristen
- Probezeit
- Hinweise auf Tarifverträge bzw. Betriebsvereinbarungen

Der schriftliche Arbeitsvertrag muss darüber hinaus klar und eindeutig nach dem TzBfG Folgendes regeln:

- Die Art der Befristung, also erfolgt die Befristung mit Sachgrund oder ohne Sachgrund.
- Bei Befristung mit Sachgrund: die Angabe des konkreten Sachgrundes.
- Die Dauer des Arbeitsverhältnisses, also die Abgabe, wann das Arbeitsverhältnis beginnen und enden soll.

6. Welche Folgen hat ein Verstoß gegen die Schriftform bei befristeten Arbeitsverträgen?

Ist der befristete Arbeitsvertrag unter Verstoß gegen das Schriftformerfordernis des § 14 Abs. 4 TzBfG zustande gekommen, dann ist die Befristung unwirksam. Nach § 16 Satz 1 TzBfG hat diese Unwirksamkeit zur Folge, dass der befristete Arbeitsvertrag als auf unbestimmte Zeit geschlossen gilt. Mit anderen Worten: Es entsteht ein unbefristetes Arbeitsverhältnis.

In der Praxis kommt es immer wieder vor, dass der Formfehler erst dann auffällt, wenn der Arbeitnehmer bereits einige Tage gearbeitet hat. Dann stellt sich die Frage, ob die Schriftform noch nachgeholt werden kann. Das ist aber nicht der Fall. Eine Heilung des formunwirksamen Vertrags durch die nachträgliche Einhaltung der Schriftform ist nicht möglich!
Wichtig zu wissen ist, dass der Arbeitnehmer die Unwirksamkeit der Befristung gerichtlich geltend machen muss. Das sagt § 17 Satz 1 TzBfG: »Will der Arbeitnehmer geltend machen, dass die Befristung eines Arbeitsvertrages unwirksam ist, so muss er innerhalb von drei Wochen nach dem vereinbarten Ende des befristeten Arbeitsvertrages Klage beim Arbeitsgericht auf Feststellung erheben, dass das Arbeitsverhältnis auf Grund der Befristung nicht beendet ist.«

7. Was bedeutet der Begriff »Entfristung« und wann kommt sie zustande?

Der Begriff »Entfristung« meint den Übergang von einem befristeten Arbeitsverhältnis zu einem unbefristeten Arbeitsverhältnis. Der Arbeitnehmer erhält dadurch Sicherheit, eine dauerhafte berufliche Perspektive und den allgemeinen Kündigungsschutz.
Die Entfristung kann im Grundsatz über drei Wege zustande kommen:

- Die Entfristung kommt durch eine entsprechende Entfristungsklage des Arbeitnehmers nach § 17 TzBfG zustande. Danach muss der Arbeitnehmer spätestens drei Wochen nach dem vereinbarten Ende des befristeten Arbeitsvertrages Klage auf Entfristung beim Arbeitsgericht erheben.
- Die Entfristung kann aber auch die eine entsprechende Vereinbarung zwischen Arbeitgeber und Arbeitnehmer erfolgen. Dazu schließen Arbeitgeber und Arbeitnehmer einen neuen unbefristeten Arbeitsvertrag oder ändern den ursprünglich vereinbarten befristeten Arbeitsvertrag ab.
- Die Entfristung kann aber auch durch die Weiterarbeit des Arbeitnehmers über das eigentliche Befristungsende hinaus erfolgen. Dazu bestimmt § 15 Abs. 6 TzBfG folgendes: »Wird das Arbeitsverhältnis nach Ablauf der Zeit, für die es eingegangen worden ist, oder nach Zweckerreichung mit Wissen des Arbeitgebers fortgesetzt, so gilt es als auf

unbestimmte Zeit verlängert, wenn der Arbeitgeber nicht unverzüglich widerspricht oder dem Arbeitnehmer die Zweckerreichung nicht unverzüglich mitteilt.«

8. Können einzelne Arbeitsbedingungen befristet werden?

Ja, das ist grundsätzlich möglich. Dabei bleibt das Arbeitsverhältnis unbefristet, aber einzelne Vertragsbedingungen, z. B. eine Provisionszusage, gelten nur befristet. Nach Ablauf der vereinbarten Frist gelten dann wieder die ursprünglichen Bedingungen.
Die gerichtliche Kontrolle der Befristung einzelner Arbeitsbedingungen erfolgt nach den §§ 305 ff. BGB und nicht nach den Regeln des TzBfG. Bei der Befristungskontrolle nach §§ 305 ff. BGB wird Folgendes geprüft:

- Ist die Befristung der einzelnen Arbeitsbedingungen klar und verständlich?
- Liegt eine unangemessene Benachteiligung des Arbeitnehmers vor?
- Ist der Zweck der Befristung der einzelnen Arbeitsbedingungen sachlich gerechtfertigt?

> **Wichtig:**
> Allerdings kann durch eine voraussetzungslose Befristung einzelner Arbeitsbedingungen das Sachgrunderfordernis für den gesamten Arbeitsvertrag ausgehöhlt werden. Das darf nicht sein!

Nach Auffassung des BAG ist ein sachlicher Grund bei der Befristung einzelnen Arbeitsbedingungen dann erforderlich, wenn die Befristung den Kernbereich des Änderungsschutzes eingreift bzw. wenn durch die Befristung der gesetzliche Änderungskündigungsschutz umgangen wird. Ein Eingriff in den Kernbereich des Änderungsschutzes liegt nach der Rechtsprechung beispielsweise bei einer befristeten Änderung der Arbeitszeit vor (BAG 15. 4. 1999 – 7 AZR 734/97).

B. Sachgrundlose Befristung

9. Unter welchen Voraussetzungen ist eine sachgrundlose Befristung zulässig?

Formell ist erforderlich, dass die Vereinbarung über die sachgrundlose Befristung in Schriftform abgefasst ist.
Die weiteren Voraussetzungen für eine wirksame sachgrundlose Befristung ergeben sich aus § 14 Abs. 2 TzBfG. Danach darf die Dauer des befristeten Arbeitsverhältnisses einen Zeitraum von zwei Jahren nicht überschreiten. Innerhalb dieses Zweijahreszeitraums darf der Arbeitsvertrag höchstens drei Mal verlängert werden.
Darüber hinaus ist das sog. Vorbeschäftigungsverbot zu beachten. Das bedeutet, dass der Arbeitnehmer nicht zuvor beim selben Arbeitgeber beschäftigt gewesen sein darf. War der Arbeitnehmer bereits zuvor beim selben Arbeitgeber – sei es befristet oder unbefristet – beschäftigt gewesen, kommt wegen Verstoßes gegen das Vorbeschäftigungsverbot eine sachgrundlose Befristung grundsätzlich nicht in Betracht. Das Vorbeschäftigungsverbot ist durch die Rechtsprechung des BVerfG und des BAG konkretisiert worden. Einzelheiten dazu sind in den Antworten zu den Fragen 25 ff. dargestellt.
Besonderheiten sind in § 14 Abs. 2a TzBfG für neu gegründete Unternehmen und in § 14 Abs. 3 TzBfG für ältere Arbeitnehmer beschrieben:

- Nach § 14 Abs. 2a TzBfG ist in den ersten vier Jahren nach der Gründung eines Unternehmens die kalendermäßige Befristung eines Arbeitsvertrages ohne Vorliegen eines sachlichen Grundes bis zur Dauer von vier Jahren zulässig. Bis zur Dauer von vier Jahren ist auch die mehrfache Verlängerung des Arbeitsvertrages zulässig.

- Nach § 14 Abs. 3 TzBfG ist die kalendermäßige Befristung eines Arbeitsvertrages ohne Vorliegen eines sachlichen Grundes bis zur Dauer von fünf Jahren zulässig, wenn der Arbeitnehmer bei Beginn des befristeten Arbeitsverhältnisses das 52. Lebensjahr vollendet hat und unmittelbar vor Beginn des befristeten Arbeitsverhältnisses mindestens vier Monate beschäftigungslos war oder Transferkurzarbeitergeld bezogen hat.

10. Wie lange darf eine sachgrundlose Befristung maximal dauern?

Eine sachgrundlose Befristung darf nach § 14 Abs. 2 TzBfG maximal zwei Jahre dauern. Innerhalb dieses Zweijahreszeitraums darf der Vertrag höchstens drei Mal verlängert werden. Es gilt aber auch, die tarifvertraglichen Regelungen zu beachten. Denn durch Tarifvertrag kann die Anzahl der Verlängerungen oder die Höchstdauer der Befristung abweichend festgelegt werden.

Die maximale Dauer der sachgrundlosen Befristung ist in § 14 Abs. 2a TzBfG auf vier Jahre und nach § 14 Abs. 3 TzBfG auf fünf Jahre verlängert worden:

- Nach § 14 Abs. 2a TzBfG ist in den ersten vier Jahren nach der Gründung eines Unternehmens die kalendermäßige Befristung eines Arbeitsvertrages ohne Vorliegen eines sachlichen Grundes bis zur Dauer von vier Jahren zulässig. Bis zur Dauer von vier Jahren ist auch die mehrfache Verlängerung des Arbeitsvertrages zulässig.
- Nach § 14 Abs. 3 TzBfG ist die kalendermäßige Befristung eines Arbeitsvertrages ohne Vorliegen eines sachlichen Grundes bis zur Dauer von fünf Jahren zulässig, wenn der Arbeitnehmer bei Beginn des befristeten Arbeitsverhältnisses das 52. Lebensjahr vollendet hat und unmittelbar vor Beginn des befristeten Arbeitsverhältnisses mindestens vier Monate beschäftigungslos war oder Transferkurzarbeitergeld bezogen hat

> **Hinweis:**
> Die maximale Befristungsdauer von zwei Jahren gilt für den jeweiligen Arbeitgeber des Arbeitnehmers. Bei diesem (Arbeitgeber X) ist daher grundsätzlich nur eine Befristung für die Dauer von zwei Jahren zulässig. Wird der Arbeitnehmer nach Ablauf dieser zwei Jahre bei einem anderen Arbeitgeber (Arbeitgeber Y) eingestellt, so

kann dort ein befristeter Arbeitsvertrag ohne Sachgrund für die Dauer von maximal zwei Jahren abgeschlossen werden.

11. Wie oft darf ein sachgrundlos befristeter Vertrag verlängert werden?

Nach dem in § 14 Abs. 2 TzBfG beschriebenen Grundsatz darf ein sachgrundlos befristeter Arbeitsvertrag binnen der Gesamtdauer drei Mal verlängert worden. Das bedeutet, dass neben dem ursprünglichen Arbeitsvertrag drei weitere befristete Arbeitsverträge vereinbart werden können.
Durch Tarifvertrag kann die Zahl der Verlängerungen hiervon abweichend festgelegt werden, § 14 Abs. 2 Satz 3 TzBfG. Durch Tarifvertrag kann eine geringere, aber auch eine höhere Anzahl möglicher Verlängerungen des sachgrundlos befristeten Arbeitsvertrages festgelegt werden. Die Möglichkeit, durch Tarifvertrag die Anzahl der Verlängerungen zu erhöhen, ist aber nicht unbegrenzt. So hat das BAG einen Tarifvertrag, der eine neunmalige Verlängerung vorsah, für wirksam erachtet. Allerdings sieht das höchste deutsche Arbeitsgericht hier auch die Grenze für die zulässige Anzahl von Verlängerungen eines sachgrundlos befristeten Vertrages.
Für neu gegründete Unternehmen ist innerhalb eines Höchstzeitraums von vier Jahren die mehrfache Verlängerung zulässig. § 14 Abs. 2a Satz 1 TzBfG fixiert keine bestimmte Obergrenze der Anzahl der Verlängerungen, sondern spricht nur von mehrfacher Verlängerung.
Für ältere Arbeitnehmer ab dem 52. Lebensjahr sieht § 14 Abs. 3 TzBfG die mehrfache Verlängerung des sachgrundlos befristeten Arbeitsvertrages innerhalb eines Zeitraums von fünf Jahren vor. Auch hier ist keine Obergrenze der Zahl der Verlängerungen vom Gesetzgeber normiert worden. Der Gesetzestext spricht nur von »mehrfacher Verlängerung«.

12. Ist eine Verlängerung eines befristeten Vertrages auch bei geänderter Vergütung möglich?

Bei dieser Frage geht es darum, unter welchen Voraussetzungen von einer »Verlängerung« gesprochen werden kann. Eine Verlängerung ist die zeitliche Weitergeltung der bisherigen Vertragsbedingungen. Voraussetzung

für eine wirksame Verlängerung ist, dass die Verlängerung vor Ablauf des zu verlängernden Vertrags zwischen Arbeitgeber und Arbeitnehmer vereinbart worden ist.
Wird die »Verlängerung« erst nach Beendigung des vorigen befristeten Arbeitsvertrages vereinbart, so liegt rechtlich gesehen keine Verlängerung des befristeten Arbeitsvertrages vor, sondern ein Neuabschluss eines befristeten sachgrundlosen Arbeitsvertrages. Dieser Neuabschluss ist wegen Verstoßes gegen das Vorbeschäftigungsverbot mit der Rechtsfolge unwirksam, dass ein unbefristetes Arbeitsverhältnis vorliegt.
Eine Verlängerung des sachgrundlos befristeten Arbeitsvertrages setzt also voraus, dass sich die Vertragslaufzeit des Verlängerungsvertrages unmittelbar an diejenige des vorangegangenen Vertrages anschließt. Eine kurzfristige Unterbrechung – auch nur für einen Tag – macht die »Verlängerung« einer sachgrundlosen Befristung unwirksam.
Eine Verlängerung des sachgrundlos befristeten Arbeitsvertrages erfordert, dass die bisherigen Vertragsbedingungen unverändert weiter gelten. Der Begriff der Verlängerung bezieht sich also nur auf die Laufzeit des befristeten Arbeitsvertrages. Werden die übrigen Bestandteile des bisherigen Arbeitsvertrages geändert, handelt es sich um den Neuabschluss eines Vertrages und nicht um die Verlängerung der Laufzeit des bisherigen Vertrages. Insofern ist es keine Verlängerung des befristeten Arbeitsvertrages, wenn zwischenzeitlich die Vergütung geändert wird.
Zusammengefasst setzt eine Verlängerung des sachgrundlos befristeten Arbeitsvertrages i. S. v. 14 Abs. 2 TzBfG voraus, dass

- die Vertragslaufzeit des Verlängerungsvertrages unmittelbar an diejenige des vorangegangenen Vertrages anschließt,
- die Verlängerungsvereinbarung noch vor Ablauf des zu verlängernden Vertrages getroffen wird und
- die übrigen Vertragsbestandteile unverändert bleiben.

13. Was ist bei einer Unterbrechung zwischen zwei Befristungen zu beachten?

Bei einer Unterbrechung zwischen zwei sachgrundlosen Befristungen muss entschieden werden, ob der zweite Vertrag als Verlängerung des ersten befristeten Vertrages oder als neuer eigenständiger befristeter Ver-

trag anzusehen ist. Ein neuer sachgrundloser Vertrag kann aber wegen des sog. Vorbeschäftigungsverbot unwirksam sein. Entscheidend ist daher, wie lange die Unterbrechung zwischen zwei sachgrundlos befristeten Arbeitsverträgen ist.
Eine Verlängerung des sachgrundlos befristeten Arbeitsvertrages setzt voraus, dass sich die Vertragslaufzeit des Verlängerungsvertrages unmittelbar an diejenige des vorangegangen Vertrages anschließt. Eine kurzfristige Unterbrechung – auch nur für einen Tag – macht die »Verlängerung« einer sachgrundlosen Befristung unwirksam. Weitere Voraussetzung einer wirksamen Verlängerung ist, dass sich nur die Laufzeit des befristeten Vertrages ändert, alle übrigen Vertragsbestandteile, wie z.B. Arbeitszeit oder Vergütung, aber gleichbleiben.
Eine erneute sachgrundlose Befristung kann aber nach der Rechtsprechung des BAG dann zulässig sein, wenn ein vorheriges befristetes Arbeitsverhältnis sehr lange zurückliegt. Das ist dann der Fall, wenn es lange zurückliegt, nicht vergleichbar oder geringfügig war. Mittlerweile hat sich eine detaillierte Rechtsprechung zur Frage herausgebildet, welche Zeit zwischen zwei befristeten Arbeitsverträgen vergangen sein muss. Einzelheiten hierzu sind in den Antworten auf die Fragen 25ff. dargestellt.

14. Wie wirkt sich eine Teilzeitbeschäftigung auf die Befristung aus?

Grundsätzlich hat die Teilzeitbeschäftigung keinen direkten Einfluss auf die Zulässigkeit oder Wirksamkeit einer sachgrundlosen Befristung eines Arbeitsverhältnisses. Für befristete Arbeitsverträge gelten die gleichen gesetzlichen Regelungen, egal ob die Beschäftigung in Teilzeit oder in Vollzeit erfolgt. Das hat für die sachgrundlose Befristung von Arbeitsverträgen folgende Konsequenzen:

- Auch bei Teilzeitbeschäftigten beträgt die maximale Befristungsdauer zwei Jahre.
- Innerhalb dieser zwei Jahre darf der befristete Arbeitsvertrag höchstens dreimal verlängert werden.

Hinweis:
Auch wenn die Arbeitszeit des Arbeitnehmers nur 50 % der regulären betrieblichen Arbeitszeit ausmacht, bleibt es bei der maximalen Befristungsdauer von zwei Jahren. Die maximale Befristungsdauer erhöht sich also nicht deshalb, weil der Beschäftigte nur in Teilzeit tätig ist.

Teilzeitbeschäftigte dürfen nicht wegen ihrer Teilzeit diskriminiert werden. Das bedeutet, dass Teilzeitbeschäftigte ohne sachlichen Grund nicht schlechter behandelt werden dürfen als Vollzeitbeschäftigte. Auf die sachgrundlose Befristung bezogen heißt dies: Eine Befristung darf nicht allein wegen der Teilzeit erfolgen. Es wäre demnach unzulässig, wenn der Arbeitgeber nur Teilzeitbeschäftigte befristet einstellt, währenddessen Vollzeitbeschäftigte von ihm unbefristet eingestellt werden.

C. Befristungen mit Sachgrund

15. Welche gesetzlich bestimmten Sachgründe gibt es?

Die gesetzlich festgelegten sachlichen Gründe für eine Befristung sind in unterschiedlichen Gesetzen normiert und zwar im

- Teilzeit- und Befristungsgesetz (TzBfG)
- Gesetz zum Elterngeld und zur Elternzeit (BEEG)
- Gesetz über die Pflegezeit (PflegeZG)
- Gesetz über befristete Arbeitsverträge in der Wissenschaft (WissZeitVG)
- Gesetz über befristete Arbeitsverträge mit Ärzten in der Weiterbildung (ÄArbVtrG).

Nach § 14 Abs. 1 Satz 2 TzBfG liegt ein sachlicher Grund insbesondere vor, wenn

1. der betriebliche Bedarf an der Arbeitsleistung nur vorübergehend besteht,
2. die Befristung im Anschluss an eine Ausbildung oder ein Studium erfolgt, um den Übergang des Arbeitnehmers in eine Anschlussbeschäftigung zu erleichtern,
3. der Arbeitnehmer zur Vertretung eines anderen Arbeitnehmers beschäftigt wird,
4. die Eigenart der Arbeitsleistung die Befristung rechtfertigt,
5. die Befristung zur Erprobung erfolgt,
6. in der Person des Arbeitnehmers liegende Gründe die Befristung rechtfertigen,
7. der Arbeitnehmer aus Haushaltsmitteln vergütet wird, die haushaltsrechtlich für eine befristete Beschäftigung bestimmt sind, und er entsprechend beschäftigt wird oder
8. die Befristung auf einem gerichtlichen Vergleich beruht.

Nach § 21 Abs. 1 BEEG liegt ein sachlicher Grund vor, der die Befristung eines Arbeitsverhältnisses rechtfertigt, wenn ein Arbeitnehmer oder eine Arbeitnehmerin zur Vertretung eines anderen Arbeitnehmers oder einer anderen Arbeitnehmerin für die Dauer eines Beschäftigungsverbotes nach dem Mutterschutzgesetz, einer Elternzeit, einer auf Tarifvertrag, Betriebsvereinbarung oder einzelvertraglicher Vereinbarung beruhenden Arbeitsfreistellung zur Betreuung eines Kindes oder für diese Zeiten zusammen oder für Teile davon eingestellt wird.
Nach § 6 Abs. 1 PflegeZG liegt ein sachlicher Grund für die Befristung des Arbeitsverhältnisses, wenn zur Vertretung einer Beschäftigten oder eines Beschäftigten für die Dauer der kurzzeitigen Arbeitsverhinderung nach § 2 PflegeZG oder der Freistellung nach § 3 PflegeZG eine Arbeitnehmerin oder ein Arbeitnehmer eingestellt wird.
Nach § 1 ÄArbVtrG liegt ein die Befristung eines Arbeitsvertrages mit einem Arzt rechtfertigender sachlicher Grund vor, wenn die Beschäftigung des Arztes seiner zeitlich und inhaltlich strukturierten Weiterbildung zum Facharzt oder dem Erwerb einer Anerkennung für einen Schwerpunkt oder dem Erwerb einer Zusatzbezeichnung, eines Fachkundenachweises oder einer Bescheinigung über eine fakultative Weiterbildung dient.

16. Welche Formen der Sachgrundbefristung gibt es?

Es gibt die unter der vorherigen Frage dargestellten gesetzlichen Sachgründe und es gibt darüber hinaus Sachgrundbefristungen, die nicht ausdrücklich in einem Gesetz normiert sind.
Nach der Gesetzesbegründung sind die in § 14 Abs. 1 Satz 2 Nr. 1–8 TzBfG aufgeführten Fallkonstellationen lediglich Beispiele und sollen andere von der Rechtsprechung bisher akzeptierte oder weitere sachliche Gründe nicht ausschließen. Die Aufzählung von Sachgründen für die Befristung von Arbeitsverträgen nach § 14 Abs. 1 Satz 2 Nr. 1–8 TzBfG ist daher nicht abschließend. Auch sonstige, vor Inkrafttreten des TzBfG von der Rechtsprechung anerkannte Sachgründe können eine Befristung rechtfertigen. Bei sonstigen sachlichen Gründen muss aber auf die Wertung des § 14 Abs. 1 Satz 2 Nr. 1–8 TzBfG zurückgegriffen werden.

Beispiele aus der Rechtsprechung:

- Die Aus- oder Weiterbildung eines Arbeitnehmers kann nach der Rechtsprechung des BAG die Befristung eines Arbeitsverhältnisses rechtfertigen. Dies setzt aber voraus, dass dem Arbeitnehmer durch die Tätigkeiten zusätzliche Kenntnisse und Erfahrungen vermittelt werden, die durch die übliche Berufstätigkeit nicht erworben werden können. Erforderlich ist aber, dass ein bestimmtes Ausbildungsziel systematisch verfolgt wird und die dem Arbeitnehmer vermittelten Kenntnisse, Erfahrungen oder Fähigkeiten auch außerhalb der Organisation des Arbeitgebers beruflich verwertbar sind (BAG 24.8.2011 – 7 AZR 368/10).
- Ein Trainee-Programm kann eine Befristung rechtfertigen, wenn es auf einem Ausbildungsplan beruht, der darauf abzielt, unter fachkundiger Anleitung für die Ausbildung des Berufs wesentliche Kenntnisse und Fähigkeiten zu erlernen oder diese praktisch anzuwenden (BAG 24.8.2011 – 7 AZR 368/10).
- Als sonstiger, nicht ausdrücklich in den § 14 Abs. 1 Satz 2 Nr. 1 bis 8 TzBfG genannter Grund, wird von der Rechtsprechung auch die Absicht des Arbeitgebers, einen seiner Auszubildenden nach der Ausbildung zu übernehmen, als Rechtfertigung für die Befristung des Arbeitsverhältnisses mit einem anderen Arbeitnehmer anerkannt (BAG 2.6.2010 – 7 AZR 136/09). Der Beschäftigungsbedarf für den befristet Beschäftigten besteht in diesen Fällen nur vorübergehend bis zur geplanten Übernahme des Auszubildenden. Der Befristungsgrund der beabsichtigten Übernahme eines Auszubildenden setzt hiernach nicht voraus, dass bei Vertragsschluss mit dem befristet eingestellten Arbeitnehmer bereits eine verbindliche Zusage des Arbeitgebers an den Auszubildenden vorliegt. Vielmehr genügt es nach der Rechtsprechung, dass der Arbeitgeber im Zeitpunkt des Vertragsschlusses mit dem befristet eingestellten Arbeitnehmer nach seiner Personalplanung die Übernahme des Auszubildenden für den Fall eines normalen Geschehensablaufs beabsichtigt und dass keine greifbaren Umstände entgegenstehen, die gegen die Übernahme des Auszubildenden sprechen (BAG 19.9.2001 – 7 AZR 333/00).
- Ein sachlicher Grund liegt vor, wenn eine Befristung zum Zweck der übergangsweisen Beschäftigung eines Arbeitnehmers auf einem Arbeitsplatz erfolgt, dessen endgültige Besetzung durch einen anderen Mitarbeiter vorgesehen ist. Die zu einem späteren Zeitpunkt geplante anderweitige Besetzung des Arbeitsplatzes kann insofern die befristete Einstellung eines Arbeitnehmers bis zu diesem Zeitpunkt rechtfertigen (sog. Platzhalterbefristung). Eine derartige Befristung ist jedenfalls dann sachlich gerechtfertigt, wenn der Arbeitgeber mit dem anderen als Dauerbesetzung vorgesehenen Arbeitnehmer bereits vertraglich gebunden ist (BAG 16.3.2005 – 7 AZR 289/04; LAG Berlin-Brandenburg 15.12.2011 – 26 Sa 1817/11).
- Die Anhängigkeit einer Konkurrentenklage um eine dauerhaft zu besetzende Stelle rechtfertigt die Befristung des Arbeitsvertrages mit einem auf dieser Stelle beschäftigten Arbeitnehmer bis zum Abschluss des Rechtsstreits mit dem Konkurrenten (BAG 16.3.2005 – 7 AZR 289/04).
- Die Lohnkostenzuschüsse nach §§ 16e und 16i SGB II können vom Arbeitgeber aber als Sachgrund für eine Befristung des Arbeitsvertrages genutzt werden.

17. Müssen die konkreten Sachgründe im Arbeitsvertrag ausdrücklich genannt werden?

Dabei ist zwischen der kalendermäßigen Befristung und der Zweckbefristung zu unterscheiden. Bei kalendermäßig befristeten Arbeitsverträgen ist es nicht erforderlich, dass der Sachgrund im Arbeitsvertrag ausdrücklich genannt wird. Entscheidend für die Rechtswirksamkeit eines befristeten Arbeitsvertrages mit Sachgrund ist, dass ein Sachgrund tatsächlich auch vorliegt und der Arbeitgeber den Sachgrund im Streitfall auch darlegen und beweisen kann.
Es ist daher nicht erforderlich, dass dem Arbeitnehmer beim Abschluss des Arbeitsvertrages der konkrete Sachgrund mitgeteilt wird. Ebenfalls nicht erforderlich ist es, dass der Befristungsgrund in den Vertragsverhandlungen mitgeteilt wird. Eine Verpflichtung zur Angabe des konkreten Sachgrunds im Arbeitsvertrag kann sich allerdings aus einem Tarifvertrag ergeben.
Bei der Zweckbefristung muss dagegen der die Vertragsbeendigung bewirkende Zweck Gegenstand der vertraglichen Einigung sein. Den Bestimmtheitsanforderungen ist nur dann Genüge getan, wenn aus der Befristungsvereinbarung zweifelsfrei erkennbar ist, mit welchem Ereignis das Arbeitsverhältnis enden soll. Allgemeine Anforderungen wie »für die Dauer des Forschungsprojekts« genügen diesen Anforderungen nicht.

18. Was zählt als »vorübergehender betrieblicher Bedarf«?

Nach § 14 Abs. 1 Satz 2 Nr. 1 TzBfG kann ein zusätzlicher, vorübergehender Arbeitskräftebedarf die Befristung eines Arbeitsvertrages rechtfertigen. Der vorübergehende betriebliche Bedarf kann in Form eines vorübergehend erhöhten Arbeitskräftebedarfs (z. B. während der Erntesaison) oder eines künftig wegfallenden Arbeitskräftebedarfs (z. B. aufgrund der Inbetriebnahme einer neuen technischen Anlage; Abwicklungsarbeiten bis zur Betriebsschließung) auftreten. Die Befristung ist nur zulässig für einen vorübergehenden Arbeitskräftebedarf. Dies ist nicht der Fall, wenn Daueraufgaben erledigt werden sollen.

Als ein vorübergehender betrieblicher Bedarf kommt besonders ein Mehrbedarf an Arbeitskräften in Betracht, z. B. für die Erledigung von Eilaufträgen, besondere Produktionsaufträge, bei starkem Kundenandrang in Kaufhäusern an verkaufsoffenen Tagen, für die Inventur oder für Ausverkäufe. Darüber hinaus kann auch ein periodisch wiederkehrender Arbeitskräftebedarf (Saisonarbeitskräfte) eine Befristung nach § 14 Abs. 1 Satz 2 Nr. 1 TzBfG rechtfertigen.

Beispiel aus der Rechtsprechung:
Das erhöhte Postaufkommen vor Weihnachten rechtfertigt die Befristung der Arbeitsverträge von Zustellern (BAG 12. 9. 1996 – 7 AZR 790/95).

Die Wirksamkeit einer Befristung wegen eines vorübergehenden betrieblichen Bedarfs setzt voraus, dass der Arbeitnehmer gerade zur Deckung dieses Mehrbedarfs eingestellt wird. Es genügt nach Auffassung des BAG aber, wenn zwischen dem zeitweilig erhöhten Arbeitsanfall und der befristeten Einstellung ein vom Arbeitgeber darzulegender ursächlicher Zusammenhang besteht. Der Arbeitgeber darf einen vorübergehenden Personalmehrbedarf aber nicht zum Anlass nehmen, beliebig viele Arbeitnehmer befristet einzustellen (BAG 20. 2. 2008 – 7 AZR 950/06). Die Zahl der befristet eingestellten Arbeitnehmer muss sich vielmehr im Rahmen des vorübergehenden Mehrbedarfs halten und darf diesen nicht überschreiten.
Bei einem vorübergehenden Arbeitskräftebedarf muss im Zeitpunkt des Vertragsabschlusses mit einiger Sicherheit zu erwarten sein, dass für eine Beschäftigung des befristet eingestellten Arbeitnehmers über das vorgesehene Vertragsende hinaus kein Bedarf besteht. Hierfür hat der Arbeitgeber konkrete Anhaltspunkte darzulegen.
Zusammengefasst besteht in folgenden Fallkonstellationen ein »vorübergehender betrieblicher Bedarf«:
- vorübergehender Personalmehrbedarf
- Auftragsspitzen bzw. Saisontätigkeit
- zeitliche befristete Projekte
- betriebliche Umstrukturierung

19. Gilt die Vertretung eines Mitarbeitenden (z. B. Elternzeit) als Sachgrund?

Ja, grundsätzlich schon, aber es gilt zur differenzieren. Für die Befristung aus Anlass der Vertretung während der Elternzeit gilt § 21 BEEG. Nach § 21 Abs. 1 BEEG liegt ein sachlicher Grund für eine Befristung vor, wenn ein Arbeitnehmer zur Vertretung eines anderen Arbeitnehmers oder einer anderen Arbeitnehmerin

- für die Dauer eines Beschäftigungsverbotes nach dem Mutterschutzgesetz,
- einer Elternzeit,
- einer auf Tarifvertrag, Betriebsvereinbarung oder einzelvertraglicher Vereinbarung beruhenden Arbeitsfreistellung zur Betreuung eines Kindes oder
- für diese Zeiten zusammen oder für Teile davon

eingestellt wird. § 21 Abs. 2 BEEG stellt klar, dass über die Dauer der danach erforderlichen Dauer der Vertretung hinaus die Befristung für notwendige Zeiten einer Einarbeitung zulässig ist.

Soweit nicht die Spezialregelung von § 21 BEEG greift, findet in anderen Fällen zeitweiser Vertretung eines Mitarbeiters grundsätzlich der § 14 Abs. 1 TzBfG Anwendung. Nach § 14 Abs. 1 Satz 2 Nr. 3 TzBfG ist die befristete Einstellung eines Arbeitnehmers zur Vertretung eines zeitweilig ausfallenden Mitarbeiters regelmäßig durch einen sachlichen Grund gerechtfertigt. Dem Sachgrund der Vertretung eines vorübergehenden an der Arbeitsleistung verhinderten Arbeitnehmers wohnt der Gedanke inne, dass es sich hierbei um eine Situation handelt, in der der Arbeitgeber eine unvorhersehbare Vertretungssituation bewältigen muss. Ein Vertretungsfall liegt nach der Gesetzesbegründung u. a. vor, wenn durch den zeitweiligen Ausfall eines Arbeitnehmers, z. B. wegen Krankheit, Beurlaubung, Einberufung zum Wehrdienst, Abordnung ins Ausland, ein vorübergehender Bedarf einer Beschäftigung eines anderen Arbeitnehmers entsteht. Dies gilt auch dann, wenn ein Arbeitnehmer einen Beamten zu vertreten hat.

Eine Befristung kann nach der Rechtsprechung des BAG auch zur Vertretung eines noch einzustellenden Mitarbeiters erfolgen, sog. Platzhalterbefristung (BAG 6. 11. 1996 – 7 AZR 126/96; BAG 20. 2. 2002 – 7 AZR 600/00). Nach dem Wortlaut von § 14 Abs. 1 Satz 2 Nr. 3 TzBfG kann dies aber nur für den Fall gelten, dass sich der Arbeitgeber bereits im Zeitpunkt des Abschlusses des befristeten Arbeitsvertrages gegenüber einem auf unbestimmte Zeit einzustellenden Arbeitnehmer vertraglich gebunden hat.

> **Wichtig:**
> Die Vertretung muss erforderlich sein, um einen anderen Arbeitnehmer zu ersetzen. Wird ein Arbeitnehmer zur Vertretung einer aufgrund von Kurzerkrankungen häufig ausfallenden Stammkraft eingestellt, so ist die Vertretung sachlich nicht gerechtfertigt, wenn der eingestellte Arbeitnehmer durchgehend auch in den Zeiträumen beschäftigt wird, in denen keine Stammkraft fehlt.

Der Arbeitgeber kann grundsätzlich frei darüber entscheiden, ob und in welchem Umfang er einen Arbeitskräfteausfall überhaupt überbrücken will. Es ist ihm daher nicht verwehrt, bei Ausfall mehrerer Stammkräfte nur für eine von ihnen eine Vertretungskraft einzustellen. Der Arbeitgeber ist auch nicht gehalten, die Aushilfe für den gesamten Zeitraum des Vertretungsbedarfs einzustellen. Es liegt im unternehmerischen Ermessen, ob der Arbeitgeber die Arbeit teilweise oder zeitweise auch auf andere Arbeitnehmer verteilt oder ob er für den gesamten Vertretungszeitraum eine Vertretung einstellt.
Unzulässig ist aber eine sog. Dauervertretung. Eine Dauervertretung liegt vor, wenn der Arbeitnehmer von vornherein nicht lediglich zur Vertretung eines bestimmten, vorübergehend an der Arbeitsleistung verhinderten Arbeitnehmers eingestellt wird, sondern bereits bei Vertragsschluss beabsichtigt ist, ihn für eine zum Zeitpunkt des Vertragsabschlusses noch nicht absehbare Zahl von Vertretungsfällen auf Dauer zu beschäftigen.

20. Können Projekte als Sachgrund dienen?

Ja, eine Projektarbeit kann ein sachlicher Grund für eine Befristung nach § 14 Abs. 1 Satz 2 Nr. 1 TzBfG sein. Danach liegt ein sachlicher Grund für die Befristung eines Arbeitsvertrages vor, wenn der betriebliche Bedarf an der Arbeitsleistung nur vorübergehend besteht. Die Befristung eines Arbeitsvertrages wegen projektbedingten erhöhten Bedarfs ist gerechtfertigt, wenn der Arbeitgeber eine zureichende Prognose des vorübergehenden Mehrbedarfs begründet und zwischen dem befristeten Mehrbedarf und der befristeten Einstellung Kausalität besteht.

Ein befristeter Vertrag mit Sachgrund ist zulässig, wenn der Arbeitgeber für ein zeitlich befristetes Projekt zusätzliches Personal benötigt. Das kann beispielsweise der Fall sein, wenn

- ein neues Produkt eingeführt wird,
- ein Forschungsprojekt durchgeführt wird,
- ein zeitlich begrenztes Förderprogramm bearbeitet wird oder
- ein Großauftrag abgearbeitet werden muss.

Auf eine Tätigkeit in einem zeitlich begrenzten Projekt kann sich der Arbeitgeber zur Rechtfertigung eines befristeten Arbeitsvertrages nur dann berufen, wenn es sich bei den im Rahmen des Projekts zu bewältigenden Aufgaben um eine auf vorübergehende Dauer angelegte und gegenüber den Daueraufgaben des Arbeitgebers abgetrennte Zusatzaufgabe handelt.

Eine projektbezogene Befristung setzt die zutreffende Prognose des Arbeitgebers voraus, dass für die Beschäftigung des Arbeitnehmers über das vereinbarte Vertragsende hinaus mit hinreichender Sicherheit kein Bedarf mehr besteht. Die Prognose des Arbeitgebers ist nicht deshalb unzutreffend, weil der Arbeitnehmer nach Fristablauf aufgrund seiner Qualifikation auf einem freien Arbeitsplatz in einem anderen Projekt befristet oder unbefristet hätte beschäftigt werden können und der Arbeitgeber dies bei Vertragsschluss hätte erkennen können. Vielmehr muss sich die Prognose des Arbeitgebers auf das konkrete Projekt beziehen.

Bei einem befristeten Arbeitsverhältnis wegen einer Projektarbeit muss bereits im Zeitpunkt des Vertragsabschlusses zu erwarten sein, dass die im Rahmen des Projekts durchgeführten Aufgaben nicht dauerhaft anfallen. Für eine solche Prognose müssen ausreichend konkrete Anhaltspunkte vorliegen. Die Prognose des Arbeitgebers muss sich nur auf den durch die Beendigung des konkreten Projekts vorhersehbaren Wegfall des zusätzlichen Arbeitsbedarfs für den befristet eingestellten Arbeitnehmer beziehen.

Die Befristung im Rahmen von Projektarbeit hat aber auch weitere Grenzen. Grundsätzlich darf die wirtschaftliche Tätigkeit eines dauerhaft bestehenden Unternehmens oder die Verwaltungstätigkeit desselben nicht in einzelne »Projekte« zerlegt werden, um die Arbeitsverhältnisse dementsprechend zu befristen. Die Beurteilung, ob der Arbeitnehmer in einem Projekt oder im Rahmen von Daueraufgaben des Arbeitgebers beschäftigt werden soll, obliegt den Tatsachengerichten, die den Sachverhalt vollständig und widerspruchsfrei zu würdigen haben. So stellt z. B. die Übernahme eines Auftrags zur Erstellung eines bestimmten Bauwerks für ein Bauunternehmen kein Projekt dar, weil die Erbringung von baulichen Leistungen zu der fortlaufend verfolgten Unternehmenstätigkeit zählt, die auf die Ausführung weiterer Vorhaben gerichtet ist.

21. Wie wird eine Erprobung als Sachgrund eingeordnet?

Nach § 14 Abs. 1 Satz 2 Nr. 5 TzBfG liegt ein sachlicher Grund für die Befristung des Arbeitsvertrages vor, wenn die Befristung zur Erprobung erfolgt. Die Probebeschäftigung dient dazu, die fachliche und persönliche Eignung eines Arbeitnehmers zu prüfen, bevor ein unbefristetes Arbeitsverhältnis geschlossen wird. Daher rechtfertigt die Erprobung die Befristung nur dann, wenn der Arbeitgeber beabsichtigt, den Arbeitnehmer nach bestandener Probezeit in ein unbefristetes Arbeitsverhältnis zu übernehmen.
Der Arbeitgeber kann sich bei der Erprobung nur dann auf § 14 Abs. 1 Satz 2 Nr. 5 TzBfG berufen, wenn die Erprobung ausdrücklich Vertragsinhalt geworden ist. Nicht ausreichend ist es, wenn lediglich der Erprobungszweck für den Arbeitnehmer erkennbar ist.
Die Dauer der Probezeit muss ausdrücklich und eindeutig geregelt werden. Das Teilzeit- und Befristungsgesetz nennt keine konkrete zeitliche Vorgabe zur Erprobungsdauer. Die Befristung nach § 14 Abs. 1 Satz 2 Nr. 5 TzBfG ist aber nicht gerechtfertigt, wenn die vereinbarte Dauer der Erprobungszeit in keinem angemessenen Verhältnis zu der in Aussicht genommenen Tätigkeit steht. Vorbeschäftigungszeiten, in denen der Arbeitnehmer mit gleichen Aufgaben betreut war, sind regelmäßig bei der zulässigen Erprobungsdauer zu berücksichtigen.
In der Regel dürfte eine Probezeit von sechs Monaten statthaft sein. Ohne besondere Anhaltspunkte ist der Abschluss eines weiteren befristeten Arbeitsvertrages zum Zwecke der nochmaligen Erprobung nicht gerechtfertigt. Eine weitere Erprobung kann nur dann sachgerecht sein, wenn sich die ursprüngliche Erprobungszeit aufgrund besonderer Umstände vor allem wegen der spezifischen Situation des Arbeitnehmers als nicht ausreichend erwiesen hat. Bei einfachen Tätigkeiten ist dagegen eine wesentlich kürzere Probezeit angemessen. Demgegenüber können bei höherwertigen

bzw. wissenschaftlichen oder künstlerischen Tätigkeiten auch Probezeiten bis zu zwölf Monaten oder sogar darüber hinaus in Betracht kommen.
Ist die Probezeit zu lang bemessen oder fehlt der Erprobungszweck innerhalb des Arbeitsvertrages, ist die Befristungsabrede unwirksam. Die Rechtsfolge aus dieser Unwirksamkeit bestimmt § 16 TzBfG, wonach in diesen Fällen ein unbefristetes Arbeitsverhältnis entsteht. Eine zu lang bemessene Probezeit kann auch nicht in eine zulässige Probezeit umgedeutet werden.

22. Was bedeutet »Haushaltsmittelbefristung« im öffentlichen Dienst?

§ 14 Abs. 1 Satz 2 Nr. 7 TzBfG enthält einen Sachgrund aus haushaltsrechtlichen Erwägungen. Danach können haushaltsrechtliche Gründe die Befristung eines Arbeitsvertrages rechtfertigen, wenn der öffentliche Arbeitgeber zum Zeitpunkt des Vertragsschlusses aufgrund konkreter Tatsachen die Prognose erstellen kann, dass für die Beschäftigung des Arbeitnehmers Haushaltsmittel nur vorübergehend zur Verfügung stehen. Der Sachgrund der »Haushaltsmittelbefristung« nach § 14 Abs. 1 Satz 2 Nr. 7 TzBfG ist nur auf öffentliche Arbeitgeber, nicht aber auf die Privatwirtschaft anwendbar. Haushaltsgründe privater Arbeitgeber rechtfertigen daher nicht die Befristung von Arbeitsverträgen. Dies gilt selbst dann, wenn der private Arbeitgeber sozialstaatliche Aufgaben in Abhängigkeit von öffentlichen Haushalten übertragen bekommen hat.
Der Arbeitgeber muss eine hinreichend sichere Prognoseentscheidung hinsichtlich des künftigen Wegfalls der Haushaltsmittel treffen. Er ist darlegungs- und beweispflichtig, dass im Zeitpunkt des Vertragsabschlusses nur von einer vorübergehenden Mittelbewilligung ausgegangen werden kann. Dies setzt voraus, dass die haushaltsrechtliche Zweckbestimmung objektive und nachprüfbare Vorgaben enthält, die gewährleisten, dass die Mittel zur Deckung eines nur vorübergehenden Beschäftigungsbedarfs genutzt werden. Die Vergütung des Arbeitnehmers muss aus Haushaltsmitteln erfolgen, die mit einer konkreten Sachregelung auf der Grundlage einer nachvollziehbaren Zwecksetzung für eine nur vorübergehende Beschäftigung versehen sind. Ohne dies kommt eine Befristung nach § 14 Abs. 1 Satz 2 Nr. 7 TzBfG nicht in Betracht.

Erforderlich ist der überwiegende Einsatz des befristetet beschäftigten Arbeitnehmers entsprechend der Zwecksetzung der ausgebrachten Haushaltsmittel. Diese Voraussetzungen liegen nicht vor, wenn die Haushaltsmittel lediglich allgemein für die Beschäftigung von Arbeitnehmern im Rahmen von befristeten Arbeitsverhältnissen bereitgestellt werden und dem befristet beschäftigten Arbeitnehmer überwiegend Daueraufgaben übertragen werden. Eine lediglich pauschale Bestimmung von Haushaltsmitteln ohne konkrete und nachvollziehbare Zweckbindung reicht nicht für eine Haushaltsmittelbefristung nach § 14 Abs. 1 Satz 2 Nr. 7 TzBfG.
Allein die Abhängigkeit von Zahlungen anderer öffentlicher Träger und von Haushaltstiteln rechtfertigt keine Befristung nach § 14 Abs. 1 Satz 2 Nr. 7 TzBfG. Auch die Ungewissheit über die künftige haushaltsrechtliche Entwicklung genügt hierfür nicht. Ein sachlicher Grund liegt nach Auffassung des BAG aber vor, wenn die Vergütung des Arbeitnehmers aus einer bestimmten Haushaltsstelle erfolgt und deren Streichung zum Ablauf der vereinbarten Frist mit einiger Sicherheit zu erwarten ist (BAG 24. 1. 1996 – 7 AZR 496/95).

Hinweis:
Im Koalitionsvertrag auf Bundesebene aus dem Jahr 2021 war vorgesehen, dass die Haushaltsmittelbefristung im öffentlichen Dienst abgeschafft werden sollte. Dagegen enthält der aktuelle Koalitionsvertrag von 2025 keine spezifischen Pläne zur Haushaltsmittelbefristung nach § 14 Abs. 1 Satz 2 Nr. 7 TzBfG.

23. Gilt ein befristetes Haushaltsgesetz als ausreichender Sachgrund?

Dieser Frage könnte folgender typischer Sachverhalt zugrunde liegen: Ein Bundesland erhält aus einem befristeten Bundesprogramm Mittel für die Integrationsarbeit an Schulen. Das Haushaltsgesetz des Landes schreibt vor, dass diese Mittel nur zur befristeten Beschäftigung von Personal genutzt werden dürfen.
Ein solch befristetes Haushaltsgesetz vermag die Befristung zu rechtfertigen, sofern die weiteren Voraussetzungen von § 14 Abs. 1 Satz 2 Nr. 7 TzBfG erfüllt sind. Die Voraussetzungen sind zusammengefasst folgende:

- Ein Haushaltsgesetz muss Mittel ausdrücklich nur für eine befristete Beschäftigung bereitstellen.
- Die Haushaltsmittel müssen zeitlich befristet sein.
- Die Haushaltsmittel müssen an die Vorgabe geknüpft sein, dass sie nur für befristete Arbeitsverhältnisse verwendet werden dürfen.

Darüber hinaus verlangt die Rechtsprechung eine konkrete Zweckbindung. Im Haushaltsgesetz muss demnach erkennbar sein, für welche befristeten Aufgaben die Mittel vorgesehen sind. Es muss dabei deutlich werden, welche Tätigkeiten im Rahmen von befristeten Arbeitsverträgen ausgeübt werden sollen. Zentral ist auch, dass die befristet eingestellten Arbeitnehmer auch entsprechend der vorher festgelegten Zwecksetzung der Mittel eingesetzt werden.

24. Was ist bei Befristungen wegen gerichtlicher Vergleiche zu beachten?

Nach § 14 Abs. 1 Satz 2 Nr. 8 TzBfG ist die Befristung eines Arbeitsverhältnisses im Rahmen eines gerichtlichen Vergleichs ein sachlicher Grund. Voraussetzung ist allerdings, dass zwischen Arbeitgeber und Arbeitnehmer ein Streit über den Fortbestand des Arbeitsverhältnisses bestand und dieser Streit im Rahmen eines gerichtlichen Vergleichs beigelegt wurde. Die Befristung eines Arbeitsverhältnisses in einem gerichtlichen Vergleich ist wirksam, soweit die Parteien darin zur Beendigung eines Kündigungsschutzverfahrens oder eines Feststellungsstreits über den Fortbestand des Arbeitsverhältnisses infolge einer Befristung eine Einigung erzielen. Diese Voraussetzungen werden im Normalfall dadurch belegt, dass gemäß gerichtlichem Protokoll der Vergleich »nach Erörterung der Sach- und Rechtslage« und »unter Aufrechterhaltung der unterschiedlichen Rechtsstandpunkte« geschlossen wurde, ohne dass es dabei einer Wendung wie »auf Vorschlag des Gerichts« bedarf.

Zusammengefasst kann ein gerichtlicher Vergleich unter folgenden Voraussetzungen die Befristung eines Arbeitsverhältnisses rechtfertigen:

- Die Befristung muss explizit Bestandteil eines gerichtlichen Vergleichs sein.
- Arbeitgeber und Arbeitnehmer müssen dem Vergleich freiwillig zustimmen. Zwang oder Täuschung führen zur Unwirksamkeit des Vergleichs.

- Der gerichtliche Vergleich ermöglicht die Befristung auch dann, wenn kein Sachgrund vorliegt.
- Der Vergleich darf nicht missbraucht werden, um die Vorschiften des TzBfG zu umgehen (z. B. der wiederholte gerichtliche Vergleich, ohne dass ein wirklicher Streit über die Beendigung des Arbeitsverhältnisses vorliegt).

§ 14 Abs. 1 Satz 2 Nr. 8 TzBfG nennt nur den »gerichtlichen Vergleich« nicht aber den »außergerichtlichen Vergleich«. Das BAG hat es in einer Entscheidung aus dem Jahr 2003 offengelassen, ob auch der außergerichtliche Vergleich einen sachlichen Grund für die Befristung nach § 14 Abs. 1 Satz 2 Nr. 8 TzBfG darstellt (BAG 22.10.2003 – 7 AZR 666/02). In den neueren Entscheidungen hat das BAG aber stets darauf verwiesen, dass nur ein unter Mitwirkung eines Gerichts zustande gekommener Vergleich eine Befristung sachlich zu rechtfertigen vermag. Auch nach der überwiegenden Meinung in der Literatur ist der außergerichtliche Vergleich kein Grund für eine Befristung nach § 14 Abs. 1 Satz 2 Nr. 8 TzBfG.

D. Vorbeschäftigungen und das »Verbot der Anschlussbefristung«

25. Was versteht man unter einer »Vorbeschäftigung«?

Der Begriff der »Vorbeschäftigung« ist ein Begriff, der bei der sachgrundlosen Befristung nach § 14 Abs. 2 TzBfG von Bedeutung ist. Nach § 14 Abs. 2 Satz 2 TzBfG ist eine Befristung ohne sachlichen Grund nicht zulässig, wenn mit demselben Arbeitgeber bereits zuvor ein befristetes oder unbefristetes Arbeitsverhältnis bestanden hat. Dies gilt für jede neue Befristung, unabhängig von deren Dauer. Grundsätzlich bedeutet dies, dass eine sachgrundlose Befristung nur bei einer Neueinstellung möglich ist. Allerdings gibt es Ausnahme von diesem Grundsatz, die unter Frage 28 beschrieben werden.

Der Begriff der »Vorbeschäftigung« ist gesetzlich nicht definiert. Er ist aber weit zu verstehen und umfasst jedwedes frühere Arbeitsverhältnis. Dies gilt unabhängig davon, ob das frühere Arbeitsverhältnis befristet oder unbefristet war. Unerheblich ist auch die Arbeitszeit des früheren Arbeitsverhältnisses. Insofern fallen sowohl Vollzeit- als auch Teilzeitarbeitsverhältnisse sowie Mini-Jobs unter den Begriff der Vorbeschäftigung. Auch die Dauer des vorherigen Arbeitsverhältnisses ist unerheblich. Tätigkeiten als Saisonarbeitskraft, als Werkstudent oder eine kurzfristige Beschäftigung sind Vorbeschäftigungszeiten, die grundsätzlich eine sachgrundlose Befristung beim selben Arbeitgeber ausschließen.

Entscheidend ist bei allem aber, dass es sich bei der Vorbeschäftigung um ein Arbeitsverhältnis handelt. Nur dann greift das Verbot der Anschlussbefristung. Etwas anderes gilt, wenn die vorherige Tätigkeit eine selbständige Tätigkeit oder freie Mitarbeit war. Diese schließt eine sachgrundlose Befristung beim vorherigen Auftraggeber nicht aus. Gleiches gilt für ein vorheriges Praktikum beim selben Arbeitgeber.

26. Warum schließt eine Vorbeschäftigung eine sachgrundlose Befristung aus?

Erst mit der Schaffung des Teilzeit- und Befristungsgesetzes im Jahr 2001 ist vom Gesetzgeber bestimmt worden, dass eine Vorbeschäftigung beim selben Arbeitgeber eine sachgrundlose Befristung ausschließt. Durch diese Einschränkung wurde im Unterschied zum bis zum 1. Januar 2001 geltenden Recht die theoretisch unbegrenzte Aufeinanderfolge befristeter Arbeitsverträge (Kettenarbeitsverträge) ausgeschlossen. Nach altem Recht konnte ein Arbeitnehmer abwechselnd »mit sachlichem Grund« und »ohne sachlichen Grund« beschäftigt werden. Dies wollte der Gesetzgeber verhindern, weil das Leitbild nicht der befristete Arbeitsvertrag, sondern der unbefristete Arbeitsvertrag ist.
Ohne das Verbot der Vorbeschäftigung könnten Arbeitgeber Befristungen stets ohne Sachgrund vornehmen. Damit würde die Befristung mit sachlichem Grund nach § 14 Abs. 1 TzBfG obsolet, da jedwede Befristung ohne sachlichen Grund erfolgen könnte.
Zusammengefasst wollte der Gesetzgeber mit dem Vorbeschäftigungsverbot folgende Ziele verwirklichen:

- Verhinderung von Kettenbefristungen ohne sachlichen Grund.
- Förderung von unbefristeten Arbeitsverhältnissen, sobald ein Arbeitgeber bereits eine gewisse Bindung zum Arbeitnehmer hatte.
- Schutz vor Umgehungstatbeständen, beispielsweise durch wiederholte kurzfristige sachgrundlose Verträge.
- Stärkung der Befristung mit Sachgrund nach § 14 Abs. 1 TzBfG.

27. Was versteht man unter dem »Verbot der Anschlussbefristung«?

Ausgangspunkt ist dabei § 14 Abs. 2 Satz 2 TzBfG, der regelt, dass eine sachgrundlose Befristung dann nicht zulässig ist, wenn mit demselben Arbeitgeber zuvor ein befristetes oder unbefristetes Arbeitsverhältnis bestanden hat. Dieses »Verbot der Anschlussbefristung« ist durch die Gerichte in unterschiedlicher Art interpretiert worden.
Im Jahr 2009 hatte das BAG entschieden, dass unter einem vorherigen Arbeitsverhältnis jede frühere Beschäftigung zu verstehen ist, egal wie lange

sie her ist (sog. absolutes Vorbeschäftigungsverbot; BAG 29.7.2009 – 7 AZN 368/09). Unter einem vorherigen Arbeitsverhältnis sind u. a. folgende Arbeitsverhältnisse zu verstehen (zu den Ausnahmen s. Frage 28):

- jedes frühere Arbeitsverhältnis, egal wie lange es zurückliegt,
- auch kurzfristige oder geringfügige Beschäftigungen,
- auch Werkstudentenverhältnisse, Praktika oder Minijobs, sofern sie ein Arbeitsverhältnis im rechtlichen Sinne waren.

Im Anschluss daran hat das BAG im Jahr 2011 seine Rechtsprechung geändert und geurteilt, dass nach Ablauf von drei Jahren nach dem letzten Arbeitsverhältnis bei demselben Arbeitgeber eine sachgrundlose Befristung möglich ist (BAG 6.4.2011 – 7 AZR 716/09; BAG 21.9.2011 – 7 AZR 375/10). Diese Rechtsprechung wurde vom BVerfG im Jahr 2018 einkassiert. Nach Auffassung des BVerfG ist der vom BAG fixierte Dreijahreszeitraum nicht mit dem Grundgesetz vereinbar. Nach dem Urteil des BVerfG aus dem Jahr 2018 – an dem sich die aktuelle Rechtsprechung der Arbeitsgerichte orientiert – gilt das Verbot der befristeten Wiedereinstellung grundsätzlich. Dieses Verbot kann dann unzumutbar sein, wenn die Vorbeschäftigung sehr lange zurückliegt, ganz anders geartet oder von nur sehr kurzer Dauer gewesen war (BVerfG 6.6.2018 – 1 BvL 7/14) Einzelheiten dazu werden in den Antworten zu den nachfolgenden Fragen erörtert.

28. Gibt es Ausnahmen vom Verbot der Anschlussbefristung?

Das BVerfG hatte sich im Jahr 2018 grundsätzlich zum Verbot der Anschlussbeschäftigung und den möglichen Ausnahmen dazu geäußert. Nach Auffassung des BVerfG ist die vom BAG vorgenommene Auslegung aus dem Jahr 2011 (BAG 6.4.2011 – 7 AZR 716/09) – wonach eine wiederholte sachgrundlose Befristung zwischen denselben Vertragspartnern immer dann gestattet ist, wenn zwischen den Arbeitsverhältnissen ein Zeitraum von mehr als drei Jahren liegt – mit dem Grundgesetz nicht zu vereinbaren (BVerfG 6.6.2018 – 1 BvL 7/14).

Die Entscheidung des BVerfG hat klargestellt: Nach § 14 Abs. 2 Satz 2 TzBfG sind sachgrundlose Befristungen zwischen denselben Vertragsparteien auf die erstmalige Begründung eines Arbeitsverhältnisses beschränkt;

damit ist jede weitere erneute sachgrundlos befristete Beschäftigung bei demselben Arbeitgeber grundsätzlich verboten.
Nach Auffassung des BVerfG ist § 14 Abs. 2 Satz 2 TzBfG mit dem Grundgesetz vereinbar, soweit sachgrundlose Befristungen zwischen denselben Vertragsparteien auf die erstmalige Begründung eines Arbeitsverhältnisses beschränkt sind und jede erneute sachgrundlose befristete Beschäftigung bei demselben Arbeitgeber verboten wird. Das BVerfG argumentiert, dass damit der Gefahr von Kettenbefristungen in Ausnutzung der strukturellen Unterlegenheit der Arbeitnehmer ausgeschlossen und die unbefristete Beschäftigung als Regelfall gesichert werden könne.
Nach dem Beschluss des BVerfG vom 6. 6. 2018 ist das Verbot der sachgrundlosen Befristung bei nochmaliger Einstellung beim selben Arbeitgeber aber unzumutbar, wenn die Gefahr von Kettenbefristungen nicht besteht. Das Verbot der befristeten Wiedereinstellung kann insbesondere dann unzumutbar sein, wenn die Vorbeschäftigung sehr lange zurückliegt, ganz anders geartet oder von nur sehr kurzer Dauer gewesen war. Beispielhaft führt das BVerfG folgende Fälle an:

- Nebenbeschäftigung während der Schul-, Studien oder Familienzeit;
- Werkstudierende, studentische Mitarbeit im Rahmen einer Berufsqualifizierung;
- freiwillige Unterbrechung der Erwerbsbiographie, die mit einer beruflichen Neuorientierung oder einer Aus- und Weiterbildung einhergeht.

Der in § 14 Abs. 2 Satz 2 TzBfG verfolgte Schutzzweck kann in diesen Fällen nach dem Beschluss des BVerfG das Verbot einer sachgrundlosen befristeten Wiedereinstellung nicht rechtfertigen.

29. Welche Bedeutung hat die »Drei-Jahres-Rechtsprechung« des BAG?

Das BAG hat im Jahr 2011 entschieden, dass das Vorbeschäftigungsverbot bei der sachgrundlosen Befristung nach § 14 Abs. 2 Satz 2 TzBfG nicht absolut ist, sondern nur dann greift, wenn die vorherige Beschäftigung beim selben Arbeitgeber weniger als drei Jahre zurückliegt (BAG 6. 4. 2011 – 7 AZR 716/09). In den Fällen, in denen die Beschäftigung des Arbeitnehmers beim selben Arbeitgeber mehr als drei Jahre zurück liegt, soll dagegen eine sachgrundlose Befristung zulässig sein.

Das BAG hat die Dreijahresfrist in Anlehnung an die grundsätzliche dreijährige Verjährungsfrist (§ 195 BGB) gewählt. Anders als bei der Berechnung der Verjährungsfrist beginnt der Dreijahreszeitraum aber nicht mit Ablauf des Jahres, in dem das vorherige Arbeitsverhältnis geendet hat (§ 199 Abs. 1 BGB). Beginn der Dreijahresfrist ist vielmehr das Ende des früheren Arbeitsverhältnisses. Diese Rechtsprechung des BAG war heftig umstritten. Eine Vielzahl der Instanzgerichte ist dem BAG nicht gefolgt und hat geurteilt, dass das Vorbeschäftigungsverbot absolut ist und nicht nur für eine dreijährige Karenzzeit gilt. Wegen der heftigen Kritik in Literatur und Rechtsprechung konnten die Arbeitgeber auch nicht auf den Fortbestand der Rechtsprechung des BAG aus dem Jahr 2011 vertrauen. Ein derartiges Vertrauen war nach Auffassung der Rechtsprechung nicht schutzwürdig.

Die »Drei-Jahres-Rechtsprechung« des BAG aus dem Jahr 2011 ist zudem deshalb nicht mehr von Bedeutung, weil das BVerfG in seiner Entscheidung aus dem Jahr 2018 die »Drei-Jahres-Rechtsprechung« des BAG gekippt hat (BVerfG 6.6.2018 – 1 BvL 7/14). Für die betriebliche Praxis entscheidend sind die Ausführungen in den Antworten zu den Fragen 28 sowie 30–33.

30. Wann liegt keine relevante Vorbeschäftigung vor?

Nicht relevante Vorbeschäftigungen i. S. v. § 14 Abs. 2 Satz 2 TzBfG sind zum einen Tätigkeiten, die kein Arbeitsverhältnis darstellen und zum anderen solche, bei denen nach der Rechtsprechung des BVerfG keine Kettenbefristungen drohen.

Tätigkeiten, die kein Arbeitsverhältnis darstellen:

- vorheriges Praktikum ohne Arbeitsvertrag
- vorherige Tätigkeit im Rahmen der Arbeitnehmerüberlassung
- vorherige Tätigkeit als Werkvertrag/freie Mitarbeit

Nach dem Beschluss des BVerfG vom 6. 6. 2018 (1 BvL 7/14) ist das Verbot der sachgrundlosen Befristung bei nochmaliger Einstellung beim selben Arbeitgeber aber unzumutbar, wenn die Gefahr von Kettenbefristungen nicht besteht. Das Verbot der befristeten Wiedereinstellung kann insbesondere dann unzumutbar sein, wenn die Vorbeschäftigung

- sehr lange zurückliegt (s. dazu die Antwort auf Frage 31),
- ganz anders geartet oder

- von nur sehr kurzer Dauer gewesen war.

Beispielhaft führt das BVerfG folgende Fälle an:

- Nebenbeschäftigung während der Schul-, Studien oder Familienzeit;
- Werkstudierende, studentische Mitarbeit im Rahmen einer Berufsqualifizierung;
- freiwillige Unterbrechung der Erwerbsbiographie, die mit einer beruflichen Neuorientierung oder einer Aus- und Weiterbildung einhergeht.

31. Wie lange muss eine Vorbeschäftigung zurückliegen, damit sie irrelevant ist?

Anknüpfend an diese Rechtsprechung des BVerfG hat das BAG entschieden, dass das in § 14 Abs. 2 Satz 2 TzBfG normierte Verbot einer sachgrundlosen Befristung im Falle einer Vorbeschäftigung bei demselben Arbeitgeber nicht unbeschränkt gilt (BAG 23.1.2019 – 7 AZR 733/16). Danach unterliegt das Verbot der sachgrundlosen Befristung gem. § 14 Abs. 2 Satz 2 TzBfG keiner festen zeitlichen Begrenzung. Deshalb ist die sachgrundlose Befristung nicht bereits dann zulässig, wenn die Vorbeschäftigung bei demselben Arbeitgeber länger als drei Jahre zurückliegt.

Das Verbot der sachgrundlosen Befristung greift nur dann nicht, wenn seine Anwendung für die Beteiligten unzumutbar wäre, weil eine Gefahr der Kettenbefristung in Ausnutzung der strukturellen Unterlegenheit der Beschäftigten nicht besteht und das Verbot der sachgrundlosen Befristung nicht erforderlich ist, um das unbefristete Arbeitsverhältnis als Regelbeschäftigungsform zu erhalten. Das kann insbesondere dann der Fall sein, wenn eine Vorbeschäftigung sehr lang zurückliegt, ganz anders geartet war oder von sehr kurzer Dauer gewesen ist.

Die Rechtsprechung hat sich anknüpfend an die Rechtsprechung des BVerfG vom 6.6.2018 in mehreren Entscheidungen mit der Frage befasst, wann ein Arbeitsverhältnis »sehr lange« zurückliegt:

- Die sachgrundlose Befristung eines Arbeitsvertrages ist unwirksam, wenn zwischen Arbeitnehmer und Arbeitgeber bereits fünfeinhalb Jahre zuvor für eine Dauer von etwas über einem halben Jahr ein Arbeitsverhältnis bestanden hat, das eine vergleichbare Arbeitsaufgabe zum Gegenstand hatte, so das BAG im Jahr 2019 (BAG 23.1.2019 – 7 AZR 13/17).

- Hingegen handelt es sich bei einem vor 13 Jahren bestehenden Arbeitsverhältnis für die Dauer von acht Wochen um eine Vorbeschäftigung von kurzer Dauer, welche die sachgrundlose Befristung nicht unzumutbar macht, so das BAG im Jahr 2021 (BAG 15. 12. 2021 – 7 AZR 530/20).
- Liegt ein vorangegangenes Arbeitsverhältnis acht oder neun Jahre zurück, ist dies kein sehr langer Zeitraum, der eine Ausnahme vom Vorbeschäftigungsverbot rechtfertigt, so das BAG im Jahr 2019 (BAG 23. 1. 2019 – 7 AZR 733/16).
- Eine 15 Jahre zurückliegende, fünf Monate dauernde Vorbeschäftigung schließt die sachgrundlose Befristung des Arbeitsverhältnisses aus, so das BAG im Jahr 2020 (BAG 17. 4. 2020 – 7 AZR 323/17).
- Die Anwendung des Verbots der sachgrundlosen Befristung ist den Arbeitsvertragsparteien unzumutbar, wenn die Vorbeschäftigung fast 22 Jahre zurückliegt und besondere Umstände, die eine Anwendung von § 14 Abs. 2 Satz 2 TzBfG im Einzelfall gebieten, nicht vorliegen, so das BAG im Jahr 2019 (BAG 21. 8. 2019 – 7 AZR 452/17).
- Nach Ablauf von 22 Jahren seit der Beendigung eines Arbeitsverhältnisses kann bei der erneuten Einstellung des Arbeitnehmers bei demselben Arbeitgeber in der Regel eine Befristung ohne Sachgrund vereinbart werden, so das BAG im Jahr 2019 (BAG 21. 8. 2019 – 7 AZR 452/17).
- Eine fast 17 Jahre und drei Monate zurückliegende Vorbeschäftigung ist jedenfalls dann als »sehr lang her« i. S. d. Rechtsprechung des BVerfG anzusehen, wenn das Vorbeschäftigungsverhältnis auf Betreiben der Arbeitnehmerin vorzeitig aufgelöst wurde, so das LAG Berlin-Brandenburg (LAG Berlin-Brandenburg 11. 9. 2020 – 2 Sa 747/20).

32. Gilt eine geringfügige Beschäftigung als Vorbeschäftigung?

Grundsätzlich zählt auch eine frühere geringfügige Beschäftigung als Vorbeschäftigung. Das Vorbeschäftigungsverbot greift nach Auffassung des BVerfG aber dann nicht, wenn das ehemalige Arbeitsverhältnis ganz anders geartet oder nur von kurzer Dauer war (BVerfG 6. 6. 2018 – 1 BvL 7/14). Handelte es sich bei dem vorangegangenen Arbeitsverhältnis um eine nur geringfügige Nebenbeschäftigung während der Schul-, Studien- oder Ausbildungszeit, kann dies die Annahme rechtfertigen, das Verbot

der sachgrundlosen Befristung sei nicht erforderlich, um das unbefristete Arbeitsverhältnis als Regelbeschäftigungsform zu erhalten.
Gegenwärtig liegt noch keine gefestigte Rechtsprechung zur Frage vor, wie lange eine geringfügige Beschäftigung von welcher Dauer zurück liegen muss, um eine Ausnahme vom Verbot der Vorbeschäftigung anzunehmen. Es empfiehlt sich für die betriebliche Praxis die Arbeitsgerichtsrechtsprechung aufmerksam zu beobachten und sich im Zweifelsfall gewerkschaftlich bzw. anwaltlichen Rat einzuholen.

33. Welche Rolle spielt ein Praktikum in Bezug auf die Vorbeschäftigung?

Ein Praktikum kann ein vorheriges Arbeitsverhältnis und damit eine Vorbeschäftigung darstellen, wenn es ein Arbeitsverhältnis im rechtlichen Sinne war. Dies ist der Fall, wenn
- es sich dabei um eine weisungsgebundene Tätigkeit handelte,
- eine Vergütung gezahlt wurde,
- der Praktikant produktiv wie ein normaler Arbeitnehmer in den Betrieb eingegliedert war und
- kein reines Ausbildungs- oder Orientierungsverhältnis bestand.

Ein Praktikum gilt dagegen nicht als Vorbeschäftigung, wenn es sich um
- ein Pflichtpraktikum im Rahmen der Schulausbildung, dem Studium oder der Ausbildung handelt.
- ein Orientierungspraktikum vor einer Ausbildung oder einem Studium handelt.
- ein freiwilliges Kurzzeitpraktikum zur Berufsorientierung ohne Arbeitscharakter handelt.

Steht das Lernen und die Berufsorientierung im Vordergrund, dürfte in aller Regel ein wirkliches Praktikum vorliegen, das keine Vorbeschäftigung i. S. v. § 14 Abs. 2 Satz 2 TzBfG darstellt. Fehlt hingegen die Lernkomponente, ist der angebliche Praktikant in den Betrieb eingegliedert und wird eine Vergütung gezahlt, spricht dies eher für ein Arbeitsverhältnis.

34. Kann eine Werkstudententätigkeit als Vorbeschäftigung gewertet werden?

Ja, eine Werkstudententätigkeit kann grundsätzlich als Vorbeschäftigung i. S. v. § 14 Abs. 2 Satz 2 TzBfG gewertet werden, wenn sie ein echtes Arbeitsverhältnis war. Ein Werkstudent ist formal ein Arbeitnehmer, allerdings mit sozialversicherungsrechtlichen Besonderheiten. Es handelt sich dabei um ein Teilzeitarbeitsverhältnis mit einem Ausbildungszweck.
Eine frühere Werkstudententätigkeit beim selben Arbeitgeber ist grundsätzlich eine Vorbeschäftigung, die eine sachgrundlose Befristung ausschließt. Dies gilt aber dann nicht, wenn eine der Ausnahmen vorliegt, die das BVerfG in seinem Urteil aus dem Jahr 2018 (BVerfG 6. 6. 2018 – 1 BvL 7/14) beschrieben hat. Eine vorherige Beschäftigung beim selben Arbeitgeber verstößt danach nicht gegen das Vorbeschäftigungsverbot, wenn sie

- sehr lange zurückliegt,
- andersartig ist oder
- nur kurzzeitig war.

35. Gilt eine ehrenamtliche Tätigkeit als Vorbeschäftigung?

Eine ehrenamtliche Tätigkeit gilt in der Regel nicht als Vorbeschäftigung i. S. v. § 14 Abs. 2 Satz 2 TzBfG. Hintergrund ist, dass eine ehrenamtliche Tätigkeit (z. B. im Verein, bei der Feuerwehr oder der Kirche) unentgeltlich erfolgt und somit kein Arbeitsverhältnis darstellt.
Selbst wenn für die ehrenamtliche Tätigkeit eine pauschale Aufwandentschädigung (z. B. Übungsleiterpauschale) gewährt wird, hat dies noch nicht zur Folge, dass ein Arbeitsverhältnis vorliegt. Nur wenn tatsächlich ein Arbeitsentgelt gezahlt wurde, könnte es sich um eine Form eines Arbeitsverhältnisses gehandelt haben.

36. Welche Dokumentationspflichten hat der Arbeitgeber?

Bei der sachgrundlosen Befristung nach § 14 Abs. 2 TzBfG hat der Arbeitgeber einige Dokumentations- und Nachweispflichten, insbesondere im Hinblick auf die Wirksamkeit der Befristung und die Prüfung einer möglichen Vorbeschäftigung:

- Schriftform: Die Befristung muss nach § 14 Abs. 4 TzBfG schriftlich zwischen Arbeitgeber und Arbeitnehmer vereinbart werden. Mündliche oder nachträgliche Befristungen sind unwirksam. Diese Unwirksamkeit führt zum Entstehen eines unbefristeten Arbeitsverhältnisses.
- Dokumentation der Vorbeschäftigung: Grundsätzlich besteht keine Verpflichtung des Arbeitgebers, eine vorherige Beschäftigung des Arbeitnehmers zu dokumentieren. Aber der Arbeitgeber muss nachweisen können, dass keine Vorbeschäftigung vorlag. Der Arbeitgeber kann dies durch eine entsprechende Erklärung des Arbeitnehmers dokumentieren.
- Der Arbeitgeber muss die Vertragsdauer und die Anzahl der Verlängerungen dokumentieren, um zu beweisen, dass die Grenzen des § 14 Abs. 2 TzBfG eingehalten wurden.
- Bei der sog. Zweckbefristung muss der Befristungsgrund schriftlich im Arbeitsvertrag dokumentiert sein.
- Für befristete Arbeitsverträge besteht eine Informationspflicht für den Arbeitgeber, spätestens drei Monate vor Vertragsende den Arbeitnehmer über den bevorstehenden Abschluss zu informieren. Der Arbeitgeber sollte daher das Ende des befristeten Vertrages dokumentieren.
- Bei zweckbefristeten Verträgen muss der Arbeitgeber zwei Wochen vor dem Zweckende schriftlich über das Ende informieren.
- Der befristete Arbeitsvertrag und alle relevanten Nachweise sollten mindestens bis zur Verjährung evtl. Ansprüche (in der Regel drei Jahre) aufbewahrt werden.

Für den Arbeitnehmer wichtig sind folgende zwei Meldeverpflichtungen:

- Arbeitnehmer müssen sich spätestens drei Monate vor dem Ende Ihres befristeten Arbeitsverhältnisses bei der Agentur für Arbeit arbeitssuchend melden, § 38 Abs. 1 Satz 1 SGB III.

- Wenn der Arbeitnehmer erst später als drei Monate vor Vertragsende von dem bevorstehenden Ende erfährt, muss er sich innerhalb von drei Tagen nach Kenntnisnahme melden, um Nachteile wie eine Sperrzeit beim Arbeitslosengeld zu vermeiden, § 38 Abs. 1 Satz 2 SGB III.

37. Was passiert, wenn die Vorbeschäftigung dem Arbeitgeber nicht bekannt war?

Wenn der Arbeitgeber einen Arbeitnehmer befristet ohne Sachgrund einstellt, obwohl dieser bereits bei ihm zuvor beschäftigt war, so ist die Befristung im Grundsatz unwirksam und es entsteht ein unbefristetes Arbeitsverhältnis. War dem Arbeitnehmer nicht bekannt, dass der Arbeitnehmer bereits zuvor bei ihm beschäftigt war, so ist das befristungsrechtlich irrelevant. Die Befristung des Arbeitsverhältnisses bleibt also unwirksam, unabhängig davon, ob der Arbeitgeber die Vorbeschäftigung kannte oder nicht. Deshalb ist es aus Arbeitgebersicht immer ratsam, sich vom Arbeitnehmer bestätigen zu lassen, dass dieser zuvor nicht bei diesem Arbeitgeber tätig war.
Befristungsrechtlich wird der Arbeitgeber aber nicht geschützt, wenn der Arbeitnehmer die an ihn gerichtete Frage, ob er bereits in der Vergangenheit bei dem Arbeitgeber beschäftigt war, wahrheitswidrig vereint. In diesem Fall ist die sachgrundlose Befristung wegen des Verstoßes gegen das Vorbeschäftigungsverbot unwirksam. Rechtsfolge ist das Entstehen eines unbefristeten Arbeitsverhältnisses. Allerdings hat der Arbeitgeber in diesem Fall die Möglichkeit, den Arbeitsvertrag wegen arglistiger Täuschung durch den Arbeitnehmer anzufechten, § 123 BGB.

E. Befristungen im öffentlichen Dienst

38. Welche Besonderheiten gelten für Befristungen im öffentlichen Dienst?

Im Grundsatz gelten für den öffentlichen Dienst die gleichen Voraussetzungen für die Wirksamkeit von Befristungen wie in der Privatwirtschaft. Das bedeutet, dass die sachgrundlose Befristung nach § 14 Abs. 2 Satz 2 TzBfG maximal zwei Jahre andauern darf. Darüber hinaus kann nur eine Befristung mit Sachgrund nach § 14 Abs. 1 TzBfG erfolgen.
Es gibt allerdings einige Besonderheiten der Befristungen im öffentlichen Dienst:

- § 14 Abs. 1 Satz 2 Nr. 7 TzBfG – die Haushaltsmittelbefristung: § 14 Abs. 1 Satz 2 Nr. 7 TzBfG enthält einen Sachgrund aus haushaltsrechtlichen Erwägungen. Danach können haushaltsrechtliche Gründe die Befristung eines Arbeitsvertrages rechtfertigen, wenn der öffentliche Arbeitgeber zum Zeitpunkt des Vertragsschlusses aufgrund konkreter Tatsachen die Prognose erstellen kann, dass für die Beschäftigung des Arbeitnehmers Haushaltsmittel nur vorübergehend zur Verfügung stehen. Eine Befristung nach § 14 Abs. 1 Satz 2 Nr. 7 TzBfG ist demnach nur zulässig, wenn die Stelle aus Haushaltsmitteln finanziert wird, die nur für eine bestimmte Zeit bewilligt sind, und die Tätigkeit auch tatsächlich aus diesen Mitteln bezahlt wird.
- Wissenschaftszeitvertragsgesetz: Das Wissenschaftszeitvertragsgesetz gilt für Hochschulen und Forschungseinrichtungen und verfolgt das Ziel, den wissenschaftlichen Nachwuchs zu fördern. Es erlaubt Befristungen von bis zu sechs Jahren vor und nach der Promotion. Für den medizinischen Bereich kann bis zu neun Jahren vor der Promotion die Befristungen beginnen.

- Für den öffentlichen Dienst gelten besondere Tarifverträge. Der Tarifvertrag für den Öffentlichen Dienst (TVöD) und der Tarifvertrag für den Öffentlichen Dienst der Länder (TV-L). In beiden Tarifvertragswerken gibt es spezielle Regelungen, die die Befristungen konkretisieren. Nach § 30 des TVöD sollen befristete Arbeitsverträge mindestens für sechs Monate abgeschlossen werden. Nach Möglichkeit soll die Dauer befristeter Arbeitsverträge mindestens 12 Monate betragen, um zu kurze Beschäftigungen zu vermeiden. Während eines befristeten Arbeitsvertrages kann das Arbeitsverhältnis gekündigt werden, und zwar mit folgenden Fristen:
  - nach mindestens sechs Monaten Beschäftigungszeit mit einer Kündigungsfrist von vier Wochen zum Monatsende.
  - nach mindestens einem Jahr Beschäftigungszeit mit einer Kündigungsfrist von sechs Wochen zum Quartalsende.
  - nach mindestens fünf Jahren Beschäftigungszeit mit einer Kündigungsfrist von drei Monaten zum Quartalsende.
  - nach mindestens acht Jahren Beschäftigungszeit mit einer Kündigungsfrist von vier Monaten zum Quartalsende.
  - nach mindestens zehn Jahren Beschäftigungszeit mit einer Kündigungsfrist von fünf Monaten zum Quartalsende.
  - nach mindestens zwölf Jahren Beschäftigungszeit mit einer Kündigungsfrist von sechs Monaten zum Quartalsende

39. Welche Rolle spielt der Haushaltsvorbehalt?

Nach § 14 Abs. 1 Satz 2 Nr. 7 TzBfG ist eine Befristung nur dann zulässig, wenn

- der Arbeitnehmer aus Haushaltsmitteln vergütet wird,
- die haushaltsrechtlich nur für eine bestimmte Zeit zur Verfügung stehen, und
- der Arbeitnehmer entsprechend beschäftigt wird.

> **Wichtig:**
> § 14 Abs. 1 Satz 2 Nr. 7 TzBfG ist nur auf öffentliche Arbeitgeber, nicht aber auf private Arbeitgeber anzuwenden. Haushaltsgründe privater Arbeitgeber rechtfertigen daher nicht die Befristung von Arbeitsverträgen. Dies gilt selbst dann, wenn

der private Arbeitgeber sozialstaatliche Aufgaben in Abhängigkeit von öffentlichen Haushalten übertragen bekommen hat.

Der sog. Haushaltsvorbehalt bedeutet, dass die Finanzierung der Stelle vom Haushaltsplan abhängt, der jedes Jahr neu beschlossen wird. Unter dem Haushaltsplan kann sowohl der Bundeshaushalt, der Landeshaushalt oder auch kommunale Haushalte zu verstehen sein. Die Befristung ist nur dann wirksam, wenn der konkrete Haushaltsplan die entsprechende Stelle zeitlich befristet vorsieht. Der öffentliche Arbeitgeber darf den Haushaltsvorbehalt nicht als Blanko-Sachgrund nutzen, um Befristungen zu rechtfertigen. Deshalb sind nach der Rechtsprechung des BAG folgende Anforderungen an die Wirksamkeit einer Haushaltsmittelbefristung zu stellen:

- konkrete Haushaltsmittel: Es genügt nicht, dass die Stelle »irgendwie aus dem Haushalt bezahlt wird«. Es muss eine haushaltsrechtliche Zweckbestimmung vorgenommen worden sein (z. B. Projektförderung für zwei Jahre).
- zeitliche Befristung im Haushaltsgesetz: Die finanziellen Mittel müssen zeitlich begrenzt bereitgestellt sein (z. B. im Haushaltsplan für das Haushaltsjahr 2026). Wenn der Haushaltsplan die finanziellen Mittel dauerhaft vorsieht, trägt das den Befristungsgrund nach § 14 Abs. 1 Satz 2 Nr. 7 TzBfG nicht.
- Der befristet nach § 14 Abs. 1 Satz 2 TzBfG eingestellte Arbeitnehmer muss auch entsprechend eingesetzt werden – also in einer Funktion, die tatsächlich aus diesen befristeten Mitteln bezahlt wird.
- Fixierung des Haushaltsvorbehalts: Es muss erkennbar sein, welche Haushaltsmittel und welche zeitliche Befristung zugrunde liegen. Es genügt nicht, wenn im Arbeitsvertrag lediglich ein pauschaler Hinweis (z. B. »Befristung wegen Haushaltsvorbehalts«) im Arbeitsvertrag enthalten ist.

40. Welche Auswirkung hat eine befristete Übertragung von Vertretungsaufgaben?

Die Übertragung anderer Tätigkeit bedarf einer sachlichen Rechtfertigung, z. B. bei einer Vertretung oder einem vorübergehenden Arbeitskräf-

tebedarf. Eine befristete Übertragung von Vertretungsaufgaben hat in der Regel keine Auswirkungen.
Anders kann es jedoch sein, wenn der betroffene Mitarbeiter befristet zu höherwertigen Aufgaben herangezogen wird, die vergleichbar mit seinen ursprünglichen Aufgaben sind. Eine befristete Übertragung von Vertretungsaufgaben im öffentlichen Dienst kann für Arbeitnehmer eine höhere Vergütung und berufliche Erfahrung bedeuten, während der Arbeitgeber von einer flexiblen Personalbedarfsdeckung profitiert.
Wesentliche Auswirkungen für den Angestellten sind der Anspruch auf eine persönliche Zulage nach einem Monat und der mögliche Erwerb von Erfahrungen in einer höherwertigen Tätigkeit. Nach TVöD und TV-L hat ein Angestellter Anspruch auf eine persönliche Zulage, wenn er die höherwertige Tätigkeit mindestens einen Monat lang ausübt. So bestimmt § 14 TVöD Folgendes: »Wird dem Beschäftigten vorübergehend eine andere Tätigkeit übertragen, die den Tätigkeitsmerkmalen einer höheren als seiner Eingruppierung entspricht, und hat er diese mindestens 1 Monat ausgeübt, erhält er für die Dauer der Ausübung eine persönliche Zulage rückwirkend ab dem 1. Tag der Übertragung der Tätigkeit.« Diese Zulage ist an die Dauer der Ausübung gebunden und entfällt mit Beendigung der Vertretung. Ob die vorübergehend übertragene Tätigkeit eine »höherwertige Tätigkeit« darstellt und damit Anspruch auf eine Zulage besteht, bestimmt sich nach der Bewertung der übertragenen Tätigkeit nach § 12 TVöD i. V. m. der Anlage A.

41. Was bedeutet projektbezogene Befristung bei öffentlichen Arbeitgebern?

Hintergrund der projektbezogenen Befristung ist häufig, dass Projekte extern durch Fördergelder finanziert werden und nach dem Projektende oft keine Finanzierung mehr für die eingestellten Beschäftigten zur Verfügung steht. In diesen Fallkonstellationen greift die öffentliche Verwaltung oft zum Instrument befristeter Arbeitsverträge, um sich finanziell nicht langfristig zu binden.
Rechtsgrundlage für die Wirksamkeit einer projektbezogenen Befristung ist § 14 Abs. 1 Satz 2 Nr. 1 TzBfG. Danach kann ein zusätzlicher vorübergehender Arbeitskräftebedarf die Befristung eines Arbeitsvertrages recht-

fertigen. Eine projektbezogene Befristung bei öffentlichen Arbeitgebern bedeutet, dass ein Arbeitsverhältnis nur für die Dauer eines bestimmten Projekts abgeschlossen wird. Folgende Voraussetzungen für die Wirksamkeit einer derartigen Befristung müssen vorliegen:

- zeitlich begrenzter Zweck: Das Arbeitsverhältnis ist an ein bestimmtes Projekt gebunden, etwa Forschungsförderung, Digitalisierungsprojekte oder zeitlich begrenzte Verwaltungsprojekte. Der Zweck endet erst, wenn das Projekt abgeschlossen ist oder die Finanzierung ausläuft.
- Der Sachgrund der Befristung liegt in dem Projekt selbst. Anders als bei der sachgrundlosen Befristung kann eine projektbezogene Befristung auch länger als zwei Jahre laufen und mehrfach verlängert werden, solange das Projekt fortbesteht.
- Mit dem Ende des Projekts endet auch das befristete Arbeitsverhältnis automatisch, ohne dass es einer Kündigung bedarf.
- In vielen Fällen sind diese projektbezogenen Stellen von der Bewilligung/Gewährung von Fördergeldern des Bundes, der Länder, der EU oder von Forschungseinrichtungen abhängig. Wird diese Förderung verlängert, kann auch das Arbeitsverhältnis weitergeführt oder neu befristet abgeschlossen werden.

42. Ist eine Befristung wegen Drittmittelfinanzierung zulässig?

In vielen Fällen ist die Stellenbesetzung von der Gewährung von Drittmitteln abhängig. Sind die Drittmittel von vornherein zeitlich befristet und die mit den finanziellen Hilfen umschriebenen Aufgabenbereiche hinreichend konkret bestimmt, kommt eine Sachgrundbefristung grundsätzlich in Betracht.

Voraussetzungen einer Befristung des Arbeitsverhältnisses wegen einer Drittmittelfinanzierung sind:

- Die Vergütung der befristet eingestellten Beschäftigten wird aus Drittmitteln (z. B. EU-Gelder oder Stiftungsgelder) finanziert.
- Diese Mittel stehen nur für einen begrenzten Zeitraum zur Verfügung.
- Die Mittel sind gebunden an ein bestimmtes Projekt mit genau umschriebenem Inhalt und zeitlicher Befristung.

- Der befristet eingestellte Beschäftigte muss im Rahmen einer Tätigkeit im Projekt eingesetzt werden.

Jedoch reicht die alleinige Unsicherheit über das Weiterlaufen von Drittmitteln zur Begründung der Befristungsabrede nicht aus. Die Unsicherheit über die Weitergewährung von Drittmitteln gehört vielmehr zum unternehmerischen Risiko und kann nicht durch den Abschluss befristeter Arbeitsverträge auf die Arbeitnehmer abgewälzt werden. Dies gilt auch bei der Übertragung einer sozialstaatlichen Daueraufgabe, z. B. als Schulhelfer. Will der Arbeitgeber ein längerfristiges Forschungsprojekt nur bei einer gesicherten Drittmittelfinanzierung realisieren, muss sich seine Prognose, dass für den Arbeitnehmer künftig kein Bedarf mehr besteht, nur auf die drittmittelfinanzierten Teile des Forschungsprojekts beziehen.

Bei der Drittmittelfinanzierung müssen Vertragsdauer und Laufzeit der Mittelgewährung nicht identisch sein, solange der nachvollziehbar durch die vereinbarte Befristungsdauer erstrebte Zweck erreicht werden kann. Die Befristungsdauer kann aber Indiz dafür sein, ob sachliche Gründe tatsächlich vorliegen oder nur vorgeschoben sind. Gegen das Vorliegen eines sachlichen Grundes spricht es aber, wenn eine Befristungsdauer deutlich länger als dem angeführten Sachgrund nach erforderlich oder derart kurz ist, dass eine sinnvolle, dem Sachgrund der Befristung entsprechende Mitarbeit nicht mehr möglich erscheint. Dies bedeutet, dass ein Mitarbeiter, der in einem Drittmittelprojekt beschäftigt wird, nicht für die gesamte Bewilligungsdauer beschäftigt sein muss.

43. Welche Grenzen gelten für Kettenbefristungen im öffentlichen Dienst?

Der Begriff »Kettenbefristungen« beschreibt einen Sachverhalt, bei dem ständig neue aufeinander folgende befristete Arbeitsverträge mit demselben Arbeitnehmer abgeschlossen werden. Grundsätzlich gelten bei diesen Kettenbefristungen die gleichen rechtlichen Grenzen wie bei Kettenbefristungen in der Privatwirtschaft.

Kettenbefristung kommen nur bei aufeinander folgenden Befristungen mit Sachgrund in Betracht. Denn: Bei der sachgrundlosen Befristung beträgt nach § 14 Abs. 2 Satz 1 TzBfG die Höchstbefristungsdauer zwei Jahre mit der Möglichkeit der dreimaligen Verlängerung innerhalb dieses Zeitraums.

Und bei der sachgrundlosen Befristung gilt das Vorbeschäftigungsverbot, mit dem eine deutliche Begrenzung der hintereinander abgeschlossenen befristeten Verträge erreicht wird.
Bei Kettenbefristungen mit einer sehr langen Gesamtdauer und einer sehr hohen Anzahl von sich aneinanderreihenden befristeten Verträgen sieht das BAG eine Missbrauchskontrolle vor. Das BAG hat seine Rechtsprechung im Wesentlichen für den Sachgrund der Vertretungsbefristung nach § 14 Abs. 1 Satz 2 Nr. 3 TzBfG entwickelt. Die nachfolgend dargestellte Rechtsprechung des BAG zur Rechtsmissbrauchskontrolle ist aber nicht auf die Fälle der Vertretungsbefristung nach § 14 Abs. 1 Satz 2 Nr. 3 TzBfG beschränkt, sondern gilt für alle Befristungen mit sachlichem Grund.
Nach Auffassung des BAG führt allein eine große Anzahl der mit einem Arbeitnehmer abgeschlossenen befristeten Arbeitsverträge oder die Gesamtdauer der Befristungskette nicht dazu, dass an den Sachgrund der Vertretung strengere Anforderungen zu stellen sind (BAG 21. 3. 2017 – 7 AZR 369/15). Die Gerichte dürfen sich bei der Befristungskontrolle aber nicht auf die Prüfung des geltend gemachten Sachgrunds beschränken. Sie sind vielmehr verpflichtet, alle Umstände des Einzelfalls und dabei namentlich die Gesamtdauer und die Zahl der mit derselben Person zur Verrichtung der gleichen Arbeit geschlossenen aufeinanderfolgenden befristeten Verträge zu berücksichtigen, um auszuschließen, dass der Arbeitgeber missbräuchlich auf befristete Arbeitsverträge zurückgreift.
Mittlerweile haben sich noch weitere Instanzgerichte mit der Frage des Rechtsmissbrauchs bei Vertretungsbefristungen befasst. Dazu folgende Rechtsprechungsübersicht:

- Nach Auffassung des LAG Rheinland-Pfalz indiziert die Beschäftigung einer Lehrerin zur Vertretung über einen Zeitraum von neun Jahren und fünf Monate aufgrund von insgesamt 17 befristeten Verträgen bei gleichbleibender Beschäftigung einen institutionellen Rechtsmissbrauch (LAG Rheinland-Pfalz 11. 1. 2013 – 9 Sa 366/12).
- Eine Gesamtdauer von elf Jahren und vier Monaten im Rahmen von drei befristeten Verträgen wurde vom LAG Nürnberg dagegen als wirksam erachtet (LAG Nürnberg 11. 7. 2012 – 4 Sa 82/12).
- Die 11. Kammer des LAG Rheinland-Pfalz sieht bereits eine rechtsmissbräuchliche Anwendung der Befristungsregelungen – jedenfalls soweit § 33 Abs. 3 TV-BA Anwendung findet – bei acht Verlängerungen und ei-

ner Gesamtdauer der Befristungen von fünfeinhalb Jahren (LAG Rheinland-Pfalz 24. 1. 2013 – 11 Sa 344/12).

- Dagegen betrachtet die 10. Kammer des gleichen Gerichts vier befristete Arbeitsverträge bei einer Gesamtdauer von sechs Jahren und sieben Monate als nicht rechtsmissbräuchlich. Gleiches gilt bei einer Gesamtdauer der Befristung von fünf Jahren und einem Monat sowie bei dem Abschluss eines Ausgangsvertrages und von sieben Verlängerungsverträgen (LAG Rheinland-Pfalz 13. 12. 2012 – 10 Sa 359/12).
- Das BAG hat mittlerweile seine Rechtsprechung konkretisiert. Danach ist von einem indizierten Rechtsmissbrauch auszugehen, wenn die Gesamtdauer des Arbeitsverhältnisses zehn Jahre überschreitet oder mehr als 15 Vertragsverlängerungen vereinbart wurden oder wenn mehr als 12 Vertragsverlängerungen bei einer Gesamtdauer von mehr als acht Jahren vorliegen (BAG 21. 3. 2017 – 7 AZR 369/15).

Nach Auffassung des BAG sind bei der Feststellung von Missbrauchsfällen Unterbrechungen des Arbeitsverhältnisses zu berücksichtigen. So schließt eine Unterbrechung des Arbeitsverhältnisses von zwei Jahren und mehr in der Regel aufeinanderfolgende befristete Beschäftigungsverhältnisse und damit einen Rechtsmissbrauch aus. Bei einer derartig langfristigen Unterbrechung des Arbeitsverhältnisses ist regelmäßig davon auszugehen, dass die Beschäftigung nicht der Deckung eines ständigen und dauerhaften Arbeitskräftebedarfs dient.

44. Was sagt das Wissenschaftszeitvertragsgesetz (WissZeitVG) zur Befristung?

Das Wissenschaftszeitvertragsgesetz ist das Spezialgesetz zum Teilzeit- und Befristungsgesetz für die Hochschulen und den Forschungsbereich. Das Wissenschaftszeitvertragsgesetz unterscheidet zwischen der Qualifizierungsbefristung und der Drittmittelbefristung.

- Qualifizierungsbefristung: Die Befristung von Arbeitsverträgen ist nach § 2 Abs. 1 WissZeitVG beim Hochschulpersonal, das nicht promoviert ist, bis zur Dauer von sechs Jahren zulässig, wenn die befristete Beschäftigung zur Förderung der eigenen wissenschaftlichen oder künstlerischen Qualifizierung erfolgt. Nach abgeschlossener Promotion ist eine Befristung bis zu einer Dauer von sechs Jahren, im Bereich der Medizin

bis zu einer Dauer von neun Jahren zulässig, wenn die befristete Beschäftigung zur Förderung der eigenen wissenschaftlichen oder künstlerischen Qualifizierung dient. Die höchst zulässige Befristungsdauer verlängert sich bei der Betreuung eines oder mehrerer Kinder unter 18 Jahren um zwei Jahre je Kind. Innerhalb dieser Befristungsdauer sind beliebig viele aufeinanderfolgende Befristungen möglich.
- Drittmittelbefristung: Nach § 2 Abs. 2 WissZeitVG ist die Befristung zulässig, wenn die Beschäftigung überwiegend aus Mitteln Dritter finanziert wird, die Finanzierung für eine bestimmte Aufgabe und Zeitdauer bewilligt ist und die Mitarbeiterin überwiegend der Zweckbestimmung entsprechend beschäftigt wird.

Achtung:
Möglicherweise ist das Befristungsrecht im Wissenschaftszeitvertragsgesetz nach Redaktionsschluss dieses Buch verändert worden. Der aktuelle Koalitionsvertrag auf Bundesebene sieht nämlich eine Novellierung des WissZeitVG bis Mitte 2026 vor, die sich an der Evaluation von 2022 orientiert und den Befristungsmissbrauch reduzieren soll. Geplant ist unter anderem eine Verkürzung der Höchstbefristungsdauer nach der Promotion von sechs auf vier Jahre, die Einführung von Mindestvertragslaufzeiten für wissenschaftliche Beschäftigte und die Einführung einer Quote für sachgrundlose Befristungen. Ziel ist es, für den wissenschaftlichen Nachwuchs attraktivere und verlässlichere Arbeitsbedingungen zu schaffen und die Karriereperspektiven in der Wissenschaft zu verbessern.

45. Wie unterscheidet sich die Befristung an Hochschulen von anderen Dienststellen?

Die Befristungsmöglichkeiten an Hochschulen unterscheiden sich von den Befristungsmöglichkeiten bei anderen Dienststellen. Hintergrund hierfür ist, dass die Befristung an Hochschulen stark auf die Qualifizierung der Beschäftigung und auf Drittmittel ausgerichtet ist. Beides führt dazu, dass die Befristung an Hochschulen länger erlaubt ist als an anderen Dienststellen und auch die Möglichkeiten der Verlängerung von befristeten Verträgen in größerem Umfang gegeben ist:
- Befristungsdauer: Die Qualifizierungsbefristung nach dem WissZeitVG ist nach der »6+6-Jahres-Regelung« grundsätzlich bei Hochschulbeschäftigten ohne Promotion sechs Monate vor und sechs Monate nach der Promotion zulässig. Demgegenüber ist bei anderen Dienststellen

eine sachgrundlose Befristung nur bis zur Dauer von zwei Jahren zulässig.
- Verlängerungsmöglichkeiten: Nach dem WissZeitVG in innerhalb des »6+6-Jahreszeitraums« eine mehrfache Verlängerung des befristeten Arbeitsvertrages möglich. Demgegenüber ist nach § 14 Abs. 2 Satz 1 TzBfG innerhalb von zwei Jahren nur die höchstens dreimalige Verlängerung des befristeten Arbeitsvertrages zulässig.

46. Was gilt für Beschäftigte nach dem Teilhabechancengesetz?

Das Teilhabechancengesetz ist ein arbeitsmarktpolitisches Gesetzespaket, mit dem besonders langzeitarbeitslose Menschen bessere Chancen auf Beschäftigung erhalten sollen. Das Teilhabechancengesetz ist seit dem 1. 1. 2019 in Kraft und hat im SGB II zwei neue Förderinstrumente geschaffen:
- Nach § 16e SGB II erhalten Arbeitgeber einen Lohnkostenzuschuss für die Dauer von max. zwei Jahren. Voraussetzung ist die Einstellung von Menschen, die mindestens zwei Jahre arbeitslos sind und Bürgergeld beziehen.
- Ebenfalls mit dem Teilhabechancengesetz ist § 16i SGB II geschaffen worden. Dieser sieht eine arbeitsmarktpolitische Förderung von Menschen vor, die mindestens sechs Jahre in den letzten sieben Jahren arbeitslos waren und Bürgergeld beziehen. Die Förderung ist auch möglich für Menschen mit besonderen Vermittlungshemmnissen, wie z. B. Alter, fehlende Ausbildung oder gesundheitliche Einschränkungen. Es wird nach 16i SGB II ein Lohnkostenzuschuss für den Arbeitgeber im ersten und zweiten Beschäftigungsjahr von 100 % des Gehalts gezahlt. Ab dem 3. Beschäftigungsjahr sinkt der Lohnkostenzuschuss pro Jahr um 10 %-Punkte. Eine Förderung nach § 16i SGB II kann längstens fünf Jahre in Anspruch genommen werden.

Das Teilhabechancengesetz wurde durch das Bürgergeldgesetz entfristet. Die beiden Lohnkostenzuschüsse nach §§ 16e und 16i SGB II sind damit als dauerhafte Instrumente im SGB II verankert.

Soweit ersichtlich, existieren noch keine gerichtlichen Entscheidungen zur Frage, ob die mit dem Teilhabechancengesetz eingefügten Lohnkostenzuschüsse als sachlicher Grund die Befristung eines Arbeitsverhältnisses zu rechtfertigen vermögen. Die neuen durch das Teilhabechancengesetz in das SGB II eingefügten Vorschriften erlauben nicht automatisch zusätzliche Befristungen. Im Gegenteil: Die Lohnkostenzuschüsse nach §§ 16e und 16i SGB II können vom Arbeitgeber in Anlehnung an die bisherige Rechtsprechung des BAG nicht als Sachgrund für eine Befristung des Arbeitsvertrages genutzt werden. Nach der bisherigen Rechtsprechung begründen Förderprogramme, Zuschüsse oder Eingliederungszuschüsse keinen Sachgrund für eine Befristung.

47. Welche Kontrollmechanismen gibt es bei öffentlichen Arbeitgebern?

Der Abschluss befristeter Arbeitsverträge im öffentlichen Dienst wird auf mehreren Ebenen kontrolliert. Entscheidend ist, dass der Abschuss befristeter Arbeitsverträge dem entspricht, was rechtlich vorgegeben ist. Zu den rechtlichen Vorgaben gehören u. a.:

- das Teilzeit- und Befristungsgesetz
- evtl. Spezialgesetze wie das BEEG oder das WissArbZeitG
- Tarifverträge wie der TVöD oder der TV-L
- Personalvertretungsgesetze des Bundes bzw. der Länder
- das jeweilige Haushaltsrecht, also die Bundeshaushaltsordnung bzw. die Landeshaushaltsordnungen der Länder
- verwaltungsinterne Erlasse und Rundschreiben.

Folgende Kontrollmechanismen stehen öffentlichen Arbeitgebern zur Prüfung der Rechtsmäßigkeit eine Befristung zur Verfügung:

- Vier-Augen-Prinzip: Beim Vier-Augen-Prinzip wird die Rechtmäßigkeit der Befristung, d. h. der Einklang mit den o. g. rechtlichen Rahmenbedingungen immer von mehr als nur einer Person beurteilt. In der Praxis erfolgt diese Prüfung oft anhand von Checklisten, die von der nächsthöheren Ebene gegengezeichnet werden müssen.
- Beteiligung der Personalvertretung: Die befristete Einstellung von Mitarbeitern ist nach dem Bundespersonalvertretungsgesetz bzw. den Landespersonalvertretungsgesetzen ein mitbestimmungspflichtiger Sachverhalt. Die Personalvertretung hat die Rechtmäßigkeit der befristeten Einstellung zu prüfen und ggf. die Zustimmung hierzu zu verweigern.

- Beteiligung des Haushaltsreferats: Die befristete Einstellung von Mitarbeitern darf im öffentlichen Dienst nach der Bundeshaushaltsordnung bzw. den Landeshaushaltsordnungen nur dann erfolgen, wenn entsprechende Haushaltsmittel zur Verfügung stehen. Diese Prüfung ist vom Haushaltsreferat vorzunehmen.
- aufsichtsrechtliche Prüfung: Während die bisher genannten Kontrollmechanismen im Vorfeld der eigentlichen Einstellung greifen, findet die aufsichtsrechtliche Prüfung erst im Nachhinein durch die übergeordneten Dienststellen statt.
- gerichtliche Prüfung: Auch öffentliche Arbeitgeber unterliegen der gerichtlichen Befristungskontrolle nach § 17 TzBfG. Danach hat der Arbeitnehmer binnen drei Wochen nach Vertragsende die Möglichkeit vor dem Arbeitsgericht eine Entfristungsklage zu erheben.

48. Können sachgrundlose Befristungen im öffentlichen Dienst ausgeschlossen werden?

Ja, das ist grundsätzlich möglich. Gesetzlich ist aber vorgesehen, dass sowohl die sachgrundlose als auch die Befristung mit Sachgrund im öffentlichen Dienst zulässig sind. Ein generelles gesetzliches Verbot von befristeten Arbeitsverträgen im öffentlichen Dienst gibt es also nicht!
Zulässig ist es aber, dass durch tarifvertragliche Regelungen die Befristung von Arbeitsverhältnissen ausgeschlossen oder eingeschränkt wird. Denkbar ist es beispielsweise, dass durch tarifvertragliche Regelungen die sachgrundlose Befristung ausgeschlossen wird.
Sowohl im TVöD als auch im TV-L ist die sachgrundlose und die Befristung mit Sachgrund nicht per se ausgeschlossen. Vielmehr gelten nach beiden Tarifverträgen die Anforderungen des Teilzeit- und Befristungsgesetzes an befristete Arbeitsverträge. Darüber hinaus gibt es nur vereinzelt Tarifverträge des öffentlichen Dienstes, in denen die sachgrundlose Befristung von Arbeitsverhältnissen ausgeschlossen ist, z. B. IKK-TV, Anlage SR 2y Protokollnotiz 1 zu Nr. 1).
Denkbar ist es auch, dass einzelne Verwaltungen auf die sachgrundlose Befristung verzichten und somit die sachgrundlose Befristung in dessen Bereich faktisch ausgeschlossen ist. Dies kann beispielsweise durch interne Verwaltungsvorschriften oder Personalrichtlinien erfolgen.

49. Welche Regelungen gelten im Zusammenhang mit Tarifverträgen?

Im öffentlichen Dienst sind insbesondere der Tarifvertrag für den Öffentlichen Dienst (TVöD) und der Tarifvertrag für den öffentlichen Dienst der Länder (TV-L) einschlägig:

- Der TVöD gilt für die Angestellten des Bundes und der Kommunen, die nicht in andere Tarifverträge fallen, beispielsweise für den Sozial- und Erziehungsdienst (SuE). Er ist nicht für Auszubildende oder Praktikanten gültig; für diese gibt es separate Tarifverträge.
- Der Tarifvertrag für den öffentlichen Dienst der Länder (TV-L) gilt für alle Angestellten und Arbeiter, die in den öffentlichen Einrichtungen der 15 deutschen Bundesländer beschäftigt sind, die der Tarifgemeinschaft deutscher Länder (TdL) angehören. Er gilt nicht in Hessen, da dort der eigene Tarifvertrag TV-H angewendet wird. Beschäftigte in Bereichen wie Landesverwaltungen, Schulen, Hochschulen und auch in Unikliniken fallen unter den TV-L.

Nach § 30 Abs. 1 Satz 1 TVöD und § 30 Abs. 1 Satz 1 des TV-L sind befristete Arbeitsverträge auf Grundlage des Teilzeit- und Befristungsgesetzes sowie anderer Vorschriften über die Befristung von Arbeitsverträgen zulässig. Der TVöD und der TV-L enthalten eine Begrenzung der Höchstdauer einer Befristung mit Sachgrund. Nach § 30 Abs. 2 TVöD und § 30 Abs. 2 TV-L sind kalendermäßig befristete Arbeitsverträge mit sachlichem Grund nur zulässig, wenn die Dauer des einzelnen Vertrages fünf Jahre nicht übersteigt. Ein befristeter Arbeitsvertrag ohne sachlichen Grund soll in der Regel 12 Monate nicht überschreiten. Die Vertragsdauer muss mindestens sechs Monate betragen.

Bei befristeten Arbeitsverträgen ohne sachlichen Grund gelten die ersten sechs Wochen und bei befristeten Arbeitsverträgen mit sachlichem Grund die ersten sechs Monate als Probezeit, § 30 Abs. 4 TVöD und § 30 Abs. 4 Satz 1 TV-L. Die tariflichen Regelungen zur Probezeit in § 30 Abs. 4 des TVöD bzw. des TV-L differenzieren weder nach der Laufzeit des befristeten Vertrages noch nach der Art der geschuldeten Tätigkeit. Aus diesem Grund können die genannten 6 Monate nicht mehr ohne Weiteres in sämtlichen befristeten Verträgen mit Sachgrund automatisch zugrunde gelegt werden. Vielmehr bedarf es einer Angemessenheitsprüfung im Einzelfall.

Gemäß § 30 Abs. 3 Satz 2 TVöD bzw. des TV-L hat der Arbeitgeber »vor Ablauf des Arbeitsvertrages zu prüfen, ob eine unbefristete oder befristete Weiterbeschäftigung möglich ist.« § 30 Abs. 3 Satz 2 TVöD bzw. TV-L begründet aber nach Auffassung des BAG keinen Anspruch auf Weiterbeschäftigung für einen ohne sachlichen Grund befristet beschäftigten Arbeitnehmer. Der Schwerpunkt des § 30 Abs. 3 Satz 3 TVöD liegt vielmehr in der Festlegung des Zeitpunkts der Prüfung, ob eine Weiterbeschäftigung möglich wäre, und zwar vor Ablauf des befristeten Arbeitsverhältnisses, damit eine eventuelle Weiterbeschäftigung rechtzeitig erkannt und umgesetzt werden kann.

F. Bedeutung für Arbeitnehmer

50. Wie können Beschäftigte prüfen, ob ihre Befristung wirksam ist?

Zunächst kann der Arbeitnehmer selbst anhand relativ einfacher Kriterien prüfen, ob die Befristung ihres Arbeitsvertrages wirksam ist. Dies lässt sich mit folgenden Fragen klären:

- Ist die Schriftform des befristeten Arbeitsvertrages eingehalten?
- Ist die Befristung klar und eindeutig im Vertrag formuliert, ist also die Befristungsdauer und ein Enddatum angegeben?
- Ist der Sachgrund für die Befristung nachvollziehbar und unterfällt einen der in § 14 Abs. 1 TzBfG genannten Gründe?
- Ist bei der sachgrundlosen Befristung die maximale Befristungsdauer von zwei Jahren eingehalten?
- Bestehen Zweifel, ob bei einer sachgrundlosen Befristung das Verbot der Vorbeschäftigung eingehalten wurde, also konkret: War ich als Arbeitnehmer schon einmal bei diesem Arbeitgeber in einem Arbeitsverhältnis tätig?

Hat der Arbeitnehmer danach Zweifel an der Wirksamkeit der Befristung sollte er fachkundigen Rat bei einem Rechtsanwalt oder die Gewerkschaft einholen. Wenn immer noch Zweifel an der Wirksamkeit der Befristung bestehen, muss innerhalb von drei Wochen nach dem vereinbarten Ende des befristeten Vertrages die sog. Entfristungsklage beim zuständigen Arbeitsgericht eingereicht werden.

51. Wann sollten Beschäftigte eine Befristungskontrollklage einreichen?

Eine Befristungskontrollklage nach § 17 TzBfG sollten Beschäftigte immer dann einreichen, wenn sie die Wirksamkeit der Befristung ihres Arbeitsvertrages gerichtlich überprüfen lassen wollen. Dies macht insbesondere dann Sinn, wenn der Beschäftigte berechtigte Zweifel an der Wirksamkeit der Befristung hat.

Zweifel an der Wirksamkeit der Befristung können beispielsweise vorliegen, wenn

- aus Sicht des Beschäftigten überhaupt kein Sachgrund für die Befristung vorliegt,
- die Befristung länger als gesetzlich zulässig andauert,
- es sich um eine wiederholte Befristung handelt und der Beschäftigte der Auffassung, ist, dass diese Kettenbefristung nicht zulässig ist oder
- die Schriftform des § 14 Abs. 4 TzBfG nicht eingehalten wurde.

> **Wichtig:**
> Für die Befristungskontrollklage gilt eine Frist von drei Wochen. Die Befristungskontrollklage muss also spätestens innerhalb von drei Wochen nach Ablauf des befristeten Arbeitsvertrages bei Gericht eingereicht werden, wenn der Beschäftigte die Rechtmäßigkeit der Befristung gerichtlich überprüfen lassen will.

Die Befristungskontrollklage richtet sich gegen das Ende des befristeten Arbeitsvertrages durch Zeitablauf. Das Arbeitsgericht prüft also, ob die vereinbarte Befristung des Arbeitsverhältnisses formell und materiell wirksam ist. Stellt das Arbeitsgericht am Ende des Gerichtsprozesses fest, dass die Befristung unwirksam ist, dann entsteht ein unbefristetes Arbeitsverhältnis und der Arbeitnehmer hat einen rückwirkenden Vergütungsanspruch gegen seinen Arbeitgeber für den Zeitraum vom vereinbarten Befristungsende bis zum Abschluss des Arbeitsgerichtsprozesses.

52. Welche rechtlichen Voraussetzungen gelten für eine Befristungskontrollklage?

Will der Arbeitnehmer geltend machen, dass die Befristung seines Arbeitsvertrages rechtsunwirksam ist, so muss er nach § 17 Satz 1 TzBfG innerhalb von drei Wochen nach dem vereinbarten Ende des befristeten Arbeitsvertrages Klage beim Arbeitsgericht auf Feststellung erheben, dass das Arbeitsverhältnis auf Grund der Befristung nicht beendet ist.
Wichtig zu wissen ist, dass die dreiwöchige Klagefrist eine materielle Ausschlussfrist ist. Das bedeutet: Nach Ablauf der Frist kann die Rechtsunwirksamkeit der Befristung nicht mehr geltend gemacht werden.

Beispiel für einen Klageantrag:
»Es wird beantragt festzustellen, dass das Arbeitsverhältnis zwischen den Parteien nicht aufgrund der am ... vereinbarten Befristung am ... beendet worden ist« oder »Es wird festgestellt, dass zwischen den Parteien über den ... hinaus ein unbefristetes Arbeitsverhältnis besteht.«

Die dreiwöchige Klagefrist beginnt mit dem vereinbarten Ende des Arbeitsverhältnisses. Die Berechnung der Klagefrist bestimmt sich nach den §§ 186ff. BGB. Die Frist endet nach drei Wochen mit Ablauf desjenigen Wochentages, der durch die Benennung dem Tag, der den Fristbeginn auslöst, entspricht. Wird die Dreiwochenfrist versäumt, sind mit Fristablauf alle Mängel der Befristung geheilt, auch der Schriftformmangel.
Die Klage ist nur dann rechtzeitig erhoben, wenn aus dem Klageantrag, der Klagebegründung oder sonstigen Umständen zu erkennen ist, dass der Arbeitnehmer geltend machen will, dass sein Arbeitsverhältnis nicht durch die zu einem bestimmten Zeitpunkt vereinbarte Befristung zu dem in dieser Vereinbarung vorgesehenen Termin geendet hat.
Wird das Arbeitsverhältnis nach dem vereinbarten Ende fortgesetzt, so beginnt nach § 17 Satz 3 TzBfG die Dreiwochenfrist mit dem Zugang der schriftlichen Erklärung des Arbeitgebers, dass das Arbeitsverhältnis aufgrund der Befristung beendet sei.

53. Welche Ansprüche haben Beschäftigte bei unwirksamer Befristung?

Ist die Befristung eines Arbeitsvertrages unwirksam, hat dies weitreichende arbeitsrechtliche und sozialversicherungsrechtliche Folgen:

- Ist die Befristung durch das Arbeitsgericht für unwirksam erklärt worden, dann gilt der Vertrag nach § 16 TzBfG als unbefristetes Arbeitsverhältnis. Der Beschäftigte bleibt also auch nach dem Befristungsende Arbeitnehmer seines Arbeitgebers. Er wird von Anfang an so behandelt, als sei er in einem unbefristeten Arbeitsverhältnis tätig gewesen.
- Beschäftigte haben Anspruch auf Fortzahlung ihres Gehalts/Lohns auch über das ursprünglich vereinbarte Vertragsende hinaus. Falls der Arbeitgeber sie nach Ablauf der Befristung nicht weiter beschäftigt, können sie trotzdem den Lohn verlangen (sog. Annahmeverzugslohn nach § 615 BGB).
- Der Arbeitnehmer kann die tatsächliche Weiterbeschäftigung vom Arbeitgeber verlangen.
- Das nun unbefristete Arbeitsverhältnis endet nicht mehr automatisch, sondern wird nur durch form- und fristgerechte Kündigung bzw. durch einen Aufhebungsvertrag beendet.
- Der Arbeitnehmer hat nun den allgemeinen Kündigungsschutz nach dem Kündigungsschutzgesetz oder gar den besonderen Kündigungsschutz, z. B. nach dem SGB IX, soweit dessen Voraussetzungen vorliegen.
- Der Versicherungsschutz in den sozialen Sicherungssystemen (Kranken-, Pflege-, Renten- und Arbeitslosenversicherung) bleibt bestehen.

54. Welche Meldepflichten nach dem SGB III bestehen für Beschäftigte in befristeten Arbeitsverhältnissen?

Meldung als Arbeitsuchender nach § 38 SGB III: Nach § 38 Abs. 1 SGB III sind Personen, deren Ausbildungs- oder Arbeitsverhältnis endet, verpflichtet, sich spätestens drei Monate nach dessen Beendigung bei der Agentur für Arbeit arbeitsuchend zu melden. Liegen zwischen der Kenntnis des Beendigungszeitpunktes und der Beendigung des Ausbildungs- oder Arbeitsverhältnisses weniger als drei Monate, haben sie sich innerhalb von drei

Tagen nach Kenntnis des Beendigungszeitpunktes zu melden. Meldung hat unter Angabe der persönlichen Daten und des Beendigungszeitraums des Ausbildungs- oder Arbeitsverhältnisses zu erfolgen.
Die Meldung nach § 38 SGB III ist seit dem 1.1.2022 nicht mehr an eine bestimmte Form gebunden. Sie kann wie bisher persönlich oder auch in anderer Form – z. B. online – erfolgen. Zum anderen besteht die Möglichkeit zur Durchführung von Beratungs- und Vermittlungsgesprächen per Videotelefonie, um die Zeit bis zur Beendigung des Arbeitsverhältnisses bestmöglich für den Vermittlungsprozess nutzen zu können.

> **Wichtig:**
> Wird die Frist des § 38 SGB III versäumt, droht eine Sperrzeit beim Arbeitslosengeld!

Wird der befristete Vertrag des Arbeitnehmers, der bereits eine Meldung nach § 38 SGB III erteilt hat, entgegen der Erwartung des Arbeitnehmers doch verlängert oder gar in ein unbefristetes Arbeitsverhältnis umgewandelt, dann gilt Folgendes: Der Arbeitnehmer hat unverzüglich der Bundesagentur für Arbeit hiervon Meldung zu machen. Ansonsten kann die Bundesagentur für Arbeit zu Unrecht gezahlte Leistungen (Arbeitslosengeld) zurückfordern.
Arbeitslosmeldung nach § 141 SGB III: Nach § 141 Abs. 1 Satz 1 SGB III hat sich der Arbeitslose elektronisch im Fachportal der Bundesagentur oder persönlich bei der zuständigen Agentur für Arbeit arbeitslos zu melden. Dies gilt auch für befristet Beschäftigte, deren Vertrag einfach ausläuft.

55. Haben befristet Beschäftigte Kündigungsschutz nach dem KSchG?

Das kommt darauf an. Entscheidend ist der Zeitpunkt der Kündigung. Nach § 15 Abs. 4 TzBfG ist eine ordentliche Kündigung während der Laufzeit eines befristeten Arbeitsvertrages nur möglich, wenn dies ausdrücklich im Vertrag oder im Tarifvertrag geregelt wurde. Wenn eine ordentliche Kündigung danach grundsätzlich zulässig ist, dann findet im Grundsatz auch das Kündigungsschutzgesetz Anwendung. Es findet Anwendung, wenn mindestens mehr als zehn Arbeitnehmer im Betrieb beschäftigt und der gekündigte Arbeitnehmer mindestens sechs Monate im Betrieb tätig

war. Liegen beide Voraussetzungen vor, dann unterfällt auch der befristet Beschäftigte dem Kündigungsschutzgesetz.
Ist die Zulässigkeit der ordentlichen Kündigung während der Befristungsdauer nicht vereinbart worden, dann endet das Arbeitsverhältnis automatisch mit dem vereinbarten Befristungsende. In diesem Fall greift das Kündigungsschutz nicht, weil das Arbeitsverhältnis ja nicht durch eine Kündigung beendet wurde, sondern automatisch mit dem Ablauf der Befristungsdauer endete.
Hat das Arbeitsgericht im Rahmen einer Befristungskontrollklage des Arbeitnehmers die Unwirksamkeit der Befristung festgestellt, so entsteht ein unbefristetes Arbeitsverhältnis. Auf dieses unbefristete Arbeitsverhältnis findet das Kündigungsschutzgesetz Anwendung, wenn im Betrieb mehr als zehn Arbeitnehmer tätig sind und der betroffene Arbeitnehmer mehr als sechs Monate im Betrieb tätig war.

56. Wie ist die Rechtslage bei der verspäteten Unterzeichnung des Vertrages?

Nach § 14 Abs. 4 TzBfG bedarf die Befristung eines Arbeitsvertrages zu ihrer Wirksamkeit der Schriftform. Nach § 125 BGB sind Rechtsgeschäfte, die nicht der gesetzlich vorgeschriebenen Form entsprechen, nichtig.

> **Wichtig:**
> Die schriftliche Befristungsabrede muss vor dem Beginn der tatsächlichen Arbeitsaufnahme vereinbart werden. Wird der Arbeitsvertrag erst nach Arbeitsantritt unterschrieben, ist die Befristung unwirksam, auch wenn der Vertrag inhaltlich korrekt wäre. Eine mündlich und damit nach § 14 Abs. 4 TzBfG i.V.m. § 125 BGB formnichtig vereinbarte Befristung wird durch die nach Vertragsbeginn erfolgte schriftliche Niederlegung daher nicht rückwirkend wirksam. Die Rechtsfolge einer verspäteten Unterzeichnung des Vertrages ist, dass der Arbeitsvertrag dann automatisch als unbefristet abgeschlossen gilt. Der Arbeitgeber kann sich dann nicht auf die Befristung berufen. Und das Arbeitsverhältnis kann nur durch eine Kündigung beendet werden, bei der die Kündigungsfristen und der Kündigungsschutz beachtet werden.

Aber es gibt auch Ausnahmen von dem Geschilderten. Nach Auffassung der Rechtsprechung kann der Arbeitgeber den Abschluss des befristeten Arbeitsvertrages von der Unterzeichnung der Vertragsurkunde abhängig machen. Hat der Arbeitgeber den Abschluss des befristeten Arbeitsvertrages von der Einhaltung des Schriftformerfordernisses abhängig gemacht, kann der Arbeitnehmer ein ihm vorliegendes schriftliches Vertragsangebot nicht durch die Arbeitsaufnahme annehmen, sondern nur durch Unterzeichnung der Vertragsurkunde.

57. Welche Bedeutung hat die Befristung in der Probezeit?

Mit dieser Frage verbinden sich zwei typische Missverständnisse, die zunächst geklärt werden sollen. Einerseits hält sich die Auffassung, dass bei einem befristeten Arbeitsvertrag nach bestandener Probezeit das Arbeitsverhältnis unbefristet fortbesteht. Richtig ist aber, dass nur ein neuer Vertrag oder eine Entfristung zu einem unbefristeten Arbeitsvertrag führt. Andererseits denken viele, dass während der Probezeit der Vertrag nicht gekündigt werden kann, weil der Arbeitsvertrag befristet ist. Auch das stimmt nicht in allen Fällen. Eine Kündigung während der Befristung ist vielmehr nach § 15 Abs. 3 TzBfG möglich, wenn diese vertraglich oder tarifvertraglich vereinbart wurde.
Bei Probearbeitsverhältnissen unterscheidet man zwischen dem befristeten und dem unbefristeten Probearbeitsverhältnis:

- Ein unbefristetes Probearbeitsverhältnis liegt vor, wenn der Arbeitsvertrag für die Probezeit befristet ist (»Die ersten drei Monate gelten als Probezeit«). Insgesamt entsteht dadurch ein unbefristetes Arbeitsverhältnis, allerdings mit einer Besonderheit im Kündigungsrecht während des Laufs der Probezeit. In der Probezeit kann das Arbeitsverhältnis mit der kürzeren Kündigungsfrist von zwei Wochen nach § 622 Abs. 3 BGB gekündigt werden.
- Bei einem befristeten Probearbeitsverhältnis entsteht zunächst nur ein befristeter Arbeitsvertrag für die Probezeit (»Der Vertrag gilt vom … bis zum … als Probearbeitsverhältnis«). Das Arbeitsverhältnis endet, wenn sich der Arbeitnehmer nicht bewährt hat.

Nach § 14 Abs. 1 Satz 2 Nr. 5 TzBfG liegt ein sachlicher Grund für die Befristung des Arbeitsvertrages vor, wenn die Befristung zur Erprobung erfolgt. Die Probebeschäftigung dient dazu, die fachliche und persönliche Eignung eines Arbeitnehmers zu prüfen, bevor ein unbefristetes Arbeits-

verhältnis geschlossen wird. Daher rechtfertigt die Erprobung die Befristung nur dann, wenn der Arbeitgeber beabsichtigt, den Arbeitnehmer nach bestandener Probezeit in ein unbefristetes Arbeitsverhältnis zu übernehmen.
Die Dauer der Probezeit muss ausdrücklich und eindeutig geregelt werden. Die Befristung nach § 14 Abs. 1 Satz 2 Nr. 5 TzBfG ist aber nicht gerechtfertigt, wenn die vereinbarte Dauer der Erprobungszeit in keinem angemessenen Verhältnis zu der in Aussicht genommenen Tätigkeit steht. In der Regel dürfte eine Probezeit von sechs Monaten statthaft sein. Ohne besondere Anhaltspunkte ist der Abschluss eines weiteren befristeten Arbeitsvertrages zum Zwecke der nochmaligen Erprobung nicht gerechtfertigt. Eine weitere Erprobung kann nur dann sachgerecht sein, wenn sich die ursprüngliche Erprobungszeit aufgrund besonderer Umstände vor allem wegen der spezifischen Situation des Arbeitnehmers als nicht ausreichend erwiesen hat. Einschlägige Tarifverträge können Anhaltspunkte geben, welche Probezeit angemessen ist.

58. Was passiert bei krankheitsbedingter Abwesenheit während der Befristung?

Das Wichtigste zuerst: Durch eine Krankheit wird die Dauer des befristeten Arbeitsverhältnisses nicht verlängert. Es bleibt also bei der vereinbarten Dauer des befristeten Arbeitsvertrages. Läuft die Befristung während der Krankheit aus, endet das Arbeitsverhältnis trotz der Krankheit.
Aber auch befristet Beschäftigte haben Anspruch auf Entgeltfortzahlung im Krankheitsfall nach dem Entgeltfortzahlungsgesetz (EFZG), wenn die vierwöchige Wartezeit im Betrieb erfüllt ist, § 3 Abs. 3 EFZG. Der Anspruch auf Entgeltfortzahlung gegenüber dem Arbeitgeber besteht wegen derselben Erkrankung maximal für sechs Wochen.
Endet der befristete Arbeitsvertrag während der krankheitsbedingten Arbeitsunfähigkeit, besteht ab dem Folgetag kein Anspruch mehr auf Entgeltfortzahlung gegenüber dem Arbeitgeber. Stattdessen greift die Krankengeldzahlung der Krankenkasse. Das Krankengeld beträgt grundsätzlich 70 % des Bruttoverdienstes, wobei die Höhe auf maximal 90 % des Nettoverdienstes begrenzt ist. Einmalzahlungen wie Weihnachts- oder Urlaubsgeld werden bei der Berechnung des Krankengeldes berücksichtigt.

59. Sind Aus- und Weiterbildungen während einer Befristung möglich?

Ja, grundsätzlich sind Aus- und Weiterbildungen während einer Befristung möglich. Der Arbeitnehmer kann sich jederzeit privat weiterbilden oder eine Ausbildung neben der befristeten Tätigkeit absolvieren. Der Arbeitgeber kann bei befristeten Arbeitsverträgen Fortbildungen anbieten und auch finanzieren.

Aus Gründen der Aus- und Weiterbildung kann ein Arbeitsverhältnis wirksam befristet werden. Das gilt jedenfalls dann, wenn der Arbeitnehmer derart zur Fortbildung beschäftigt wird, dass ihm durch die Tätigkeit zusätzliche Erfahrungen oder Kenntnisse vermittelt werden, die durch die übliche Berufstätigkeit nicht erworben werden können. Das kann auch anzunehmen sein, wenn die Ausbildung nicht in erster Linie theoretische Kenntnisse vermittelt, sondern hauptsächlich dazu dient, die bereits erworbenen theoretischen Kenntnisse in die Praxis umzusetzen. Unzulässig ist die Befristung jedoch, wenn sich die »Ausbildung« auf eine reine Betriebsausbildung ohne Eigenwert reduziert, die dem Arbeitnehmer keinerlei Kenntnisse, Fähigkeiten und Erfahrungen vermittelt, die er außerhalb der Organisation des Arbeitgebers beruflich verwenden könnte.

60. Haben befristet Beschäftigte Anspruch auf Weihnachts- oder Urlaubsgeld?

Arbeitnehmer, die in einem befristeten Arbeitsverhältnis stehen, dürfen nicht schlechter behandelt werden als solche, die unbefristet beschäftigt sind. Daher haben sie in der Regel einen Anspruch auf Sonderzahlungen, wenn unbefristet Beschäftigte Anspruch darauf haben. Werden diese Zahlungen für einen bestimmten Bemessungszeitraum gewährt, so kann auch nur ein anteiliger Anspruch auf Zahlung bestehen.

> **Wichtig:**
> Es gibt kein gesetzliches Recht auf Urlaubsgeld. Befristet Beschäftigte haben grundsätzlich Anspruch auf Urlaubsgeld bei einem befristeten Arbeitsvertrag, sofern dies im Arbeitsvertrag, Tarifvertrag oder einer Betriebsvereinbarung geregelt ist und der Arbeitnehmer die Bedingungen erfüllt. Da keine gesetzliche Pflicht für Urlaubsgeld besteht, hängt der Anspruch von individuellen oder tariflichen Vereinbarungen ab.

> Ist ein Anspruch vorhanden, hat der Arbeitnehmer einen Anspruch auf eine anteilige Zahlung, wenn das Arbeitsverhältnis nicht das ganze Jahr besteht oder vor der Auszahlung endet.

Aber: Wenn das Arbeitsverhältnis vor dem Auszahlungszeitpunkt endet, entscheidet die vertragliche Regelung, ob und wie das Urlaubsgeld gezahlt wird. Manche Verträge sehen eine Kürzung oder einen Ausschluss vor, wenn der Arbeitnehmer noch nicht zu einem bestimmten Stichtag im Unternehmen ist bzw. zu einem bestimmten Stichtag nicht mehr im Unternehmen ist.

> **Beispiel:**
> Nach § 20 TV-L haben Beschäftigte, die am 1. Dezember im Arbeitsverhältnis stehen, Anspruch auf eine Jahressonderzahlung. Der Anspruch vermindert sich um ein Zwölftel für jeden Kalendermonat, in dem Beschäftigte keinen Anspruch auf Entgelt oder Fortzahlung des Entgelts haben.

61. Welche Nachteile haben Befristungen für Beschäftigte?

Gegenüber einem unbefristeten Arbeitsverhältnis sind befristete Arbeitsverhältnisse für die Arbeitnehmer mit einer Reihe von Nachteilen verbunden:

- Fehlende Planungssicherheit: Die Beschäftigten wissen bei befristeten Arbeitsverhältnissen nicht, ob sie nach Ablauf des befristeten Arbeitsverhältnisses vom Arbeitgeber weiterbeschäftigt werden. Dies führt zur Unsicherheit und erschwert die weitere Lebensplanung (Wohnung, Familiengründung, Kredite)
- Kein Kündigungsschutz: Das befristete Arbeitsverhältnis endet automatisch, ohne dass es einer Kündigung bedarf. Das Kündigungsschutzgesetz und der besondere Kündigungsschutz beispielsweise für schwerbehinderte Menschen oder Schwangere greifen daher in aller Regel nicht.
- Auch wenn Mutterschutz, Elternzeit oder Schwerbehindertenschutz grundsätzlich gelten, endet ein befristeter Arbeitsvertrag regulär mit dem Ende der Befristungsdauer.

- Nachteil gegenüber unbefristet Beschäftigten: In der Praxis profitieren befristet Beschäftigte weit weniger als unbefristet Beschäftigte von Weiterbildungsangeboten des Arbeitgebers. Arbeitgeber investieren ungern in nur zeitlich begrenzt beschäftigte Mitarbeiter.
- Lücken im Lebenslauf: Falls keine Weiterbeschäftigung erfolgt, entstehen Lücken im Lebenslauf, was sich nachteilig auf die weitere berufliche Karriere auswirken kann.

G. Bedeutung für Arbeitgeber

62. Was sind die Folgen einer unwirksamen Befristung?

Die Folgen einer unwirksamen Befristung sind für den Arbeitgeber eher negativ, für den Arbeitnehmer aber durchaus positiv. Ist die Befristung unwirksam (z. B. wegen eines Verstoßes gegen das Schriftformgebot oder weil bei einer sachgrundlosen Befristung der zulässige Zweijahreszeitraum überschritten wurde), dann wird der Vertrag automatisch als unbefristeter Vertrag behandelt. Der Vertrag unterliegt dann den Regeln wie alle unbefristeten Arbeitsverträge.
Das bedeutet, dass im Falle einer arbeitgeberseitigen Kündigung auch der allgemeine Kündigungsschutz nach dem Kündigungsschutzgesetz (KSchG) und auch der besondere Kündigungsschutz (z. B. nach dem SGB IX, MuSchG oder BEEG) gilt. Ist die Befristung unwirksam, dann hat der Arbeitnehmer Anspruch auf weiteres Gehalt auch über das ursprüngliche vereinbarte Vertragsende hinaus. Verweigert der Arbeitgeber die Weiterbeschäftigung, hat der Arbeitnehmer Anspruch auf den sog. Annahmeverzugslohn nach § 615 BGB.
Der dann unbefristete Vertrag kann nach § 16 Satz 1 TzBfG vom Arbeitgeber frühestens zum vereinbarten Ende der Befristung gekündigt werden. Etwas anderes gilt nur dann, wenn nach § 15 Abs. 4 TzBfG die ordentliche Kündigung zu einem früheren Zeitpunkt möglich ist. § 15 Abs. 4 TzBfG betrifft die Fallkonstellationen, wenn einzelvertraglich oder in dem anwendbaren Tarifvertrag vereinbart wurde, dass auch in einem befristeten Arbeitsverhältnis die ordentliche Kündigung möglich ist.
Damit Beschäftigte diese für die positive Folgen einer unwirksamen Befristung in Anspruch nehmen können, müssen sie die Unwirksamkeit der Befristung im Rahmen einer Befristungskontrollklage arbeitsgerichtlich

geltend machen. Eine entsprechende Klage ist binnen einer Frist von drei Wochen nach dem vereinbarten Ende der Befristung beim Arbeitsgericht einzureichen. Wird diese Dreiwochenfrist versäumt, gilt die Befristung auch dann als wirksam, wenn sie eigentlich fehlerhaft war.

63. Welche Vorteile haben Befristungen für Arbeitgeber?

Befristete Arbeitsverträge sind für Arbeitgeber ein wichtiges Instrument, um Flexibilität und Planungssicherheit zu kombinieren. Mittels befristeter Arbeitsverträge können Arbeitgeber einen zeitlich begrenzten Personalbedarf decken ohne langfristige Neueinstellungen vornehmen zu müssen. Es ist insofern keine langfristige Bindung an Mitarbeiter notwendig. Mittels befristeter Arbeitsverträge können Probleme und damit Zeit und Aufwand bei der Trennung von Mitarbeitern vermieden werden. Im Ergebnis schwer kalkulierbare arbeitsgerichtliche Prozesse werden vermieden. Besonders in schwankenden Märkten können Arbeitgeber mittels befristeter Arbeitsverträge flexibel auf Auftragsspitzen oder Auftragsrückgänge reagieren.
Schließlich können befristete Arbeitsverträge auch dazu genutzt werden, um sich einen Eindruck von der Motivation, der Leistungsfähigkeit und -bereitschaft sowie der Zuverlässigkeit der Beschäftigten zu verschaffen. Die Befristung von Arbeitsverhältnissen dient in diesen Fällen der Erprobung neuer Mitarbeiter.
Befristungen ermöglichen die passgenaue Kalkulation von Lohnkosten für die Projektlaufzeit. Es besteht keine Verpflichtung zur Weiterbeschäftigung nach Ablauf des befristeten Arbeitsvertrages. Vielfach sind öffentliche Projekte oder Forschungsvorhaben an bestimmte Anstellungsformen, wie befristete Arbeitsverträge, geknüpft. Die Befristung von Arbeitsverhältnissen dient dann dazu, einen erleichterten Zugang zu Fördermitteln zu erhalten.

64. Müssen Arbeitgeber bei Befristungen Stellungnahmen gegenüber Betriebs- und Personalräten abgeben?

In Unternehmen mit in der Regel mehr als zwanzig wahlberechtigten Arbeitnehmern hat der Arbeitgeber nach § 99 Abs. 1 BetrVG den Betriebsrat vor jeder Einstellung, Eingruppierung, Umgruppierung und Versetzung zu unterrichten, ihm die erforderlichen Bewerbungsunterlagen vorzulegen und Auskunft über die Person der Beteiligten zu geben; er hat dem Betriebsrat unter Vorlage der erforderlichen Unterlagen Auskunft über die Auswirkungen der geplanten Maßnahme zu geben und die Zustimmung des Betriebsrats zu der geplanten Maßnahme einzuholen. »Einstellung« i. S. d. § 99 Abs. 1 BetrVG umfasst auch die befristete Einstellung von Mitarbeitern.

Der Arbeitgeber hat den Betriebsrat rechtzeitig vor der beabsichtigten befristeten Einstellung zu unterrichten. Dies kann mündlich oder schriftlich geschehen, allerdings muss der Arbeitgeber dem Betriebsrat die erforderlichen Unterlagen für maximal eine Woche zur Verfügung stellen. Die Unterrichtung bezieht sich im Einzelnen auf die Personalien, den vorgesehenen Zeitpunkt der Einstellung sowie auf alle persönlichen Umstände der betroffenen Arbeitnehmer oder Bewerber, sofern diese für die Bewertung der fachlichen und persönlichen Eignung ausschlaggebend sein können. Die Unterrichtung durch den Arbeitgeber ist nur dann ausreichend, wenn die Zulässigkeit der personellen Maßnahme anhand der Kriterien des § 99 Abs. 2 BetrVG vom Betriebsrat überprüft werden kann.

Zeitlich muss die Unterrichtung durch den Arbeitgeber rechtzeitig vor der geplanten befristeten Einstellung erfolgen. Aufgrund der Wochenfrist nach § 99 Abs. 3 BetrVG muss der Arbeitgeber die Unterrichtung daher mindestens eine Woche vor der Maßnahme durchführen, ansonsten beginnt die Frist nach § 99 Abs. 3 BetrVG nicht zu laufen und die befristete Einstellung hat zu unterbleiben.

Für den öffentlichen Dienst gilt § 78 Abs. 1 Nr. 1 BPersVG bzw. die entsprechenden Vorschriften der Landespersonalvertretungsgesetze. Danach bestimmt der Personalrat mit bei Einstellungen. Der Dienststellenleiter muss den Personalrat rechtzeitig und umfassend vor der Einstellung unterrichten und ihm die Möglichkeit der Stellungnahme geben.

65. Welche Pflichten haben Arbeitgeber gegenüber befristet Beschäftigten?

Arbeitgeber haben gegenüber befristet Beschäftigten im Grundsatz die gleichen Pflichten wie gegenüber unbefristet Beschäftigten. Das Gebot der Gleichbehandlung gilt für die allgemeinen Arbeitsbedingungen, die Arbeitsvergütung, den Arbeitsschutz oder auch die betrieblichen Sozialleistungen. Allerdings sind im Teilzeit- und Befristungsgesetz noch einige zusätzliche Arbeitgeberpflichten geregelt:

- Gleichbehandlung: Nach § 4 TzBfG dürfen befristet Beschäftigte nicht schlechter behandelt werden als vergleichbare unbefristet beschäftigte Mitarbeiter. Eine Schlechterstellung des befristet beschäftigten gegenüber einem unbefristet beschäftigten Arbeitnehmer liegt vor, wenn dem befristet beschäftigten Arbeitnehmer nicht dieselben Arbeitsbedingungen gewährt werden. Eine Ungleichbehandlung ist nur dann erlaubt, wenn es dafür einen sachlichen Grund gibt.
- Weiterbildung: Arbeitgeber müssen befristet Beschäftigten den gleichen Zugang zu Weiterbildungen ermöglichen wie unbefristeten Arbeitnehmern. Dazu bestimmt § 19 TzBfG Folgendes: »Der Arbeitgeber hat Sorge zu tragen, dass auch befristet beschäftigte Arbeitnehmer an angemessenen Aus- und Weiterbildungsmaßnahmen zur Förderung der beruflichen Entwicklung und Mobilität teilnehmen können, es sei denn, dass dringende betriebliche Gründe oder Aus- und Weiterbildungswünsche anderer Arbeitnehmer entgegenstehen.«
- Information über unbefristete Arbeitsverhältnisse: Nach § 18 Abs. 1 Satz 1 TzBfG hat der Arbeitgeber die befristet beschäftigten Arbeitnehmer über entsprechende unbefristete Arbeitsplätze zu informieren, die besetzt werden sollen. Die Information kann durch allgemeine Bekanntgabe an geeigneter, den Arbeitnehmern zugänglicher Stelle im Betrieb und Unternehmen erfolgen, § 18 Abs. 1 Satz 2 TzBfG. Die Information kann durch persönliche Mitteilung oder per E-Mail erfolgen. Möglich ist aber auch die Bekanntgabe der Information am »Schwarzen Brett« oder in der Werkszeitung. Eine Bekanntgabe im Intranet genügt, wenn die betreffenden befristet tätigen Arbeitnehmer Zugriff darauf haben.

H. Kettenbefristungen

66. Was versteht man unter einer »Kettenbefristung«?

Der Begriff der »Kettenbefristungen« wird in keinem Gesetz ausdrücklich erwähnt. Mit dem Begriff der Kettenbefristung werden Sachverhalte beschrieben, in denen mehrere befristete Arbeitsverhältnisse hintereinander vereinbart werden. Solche Praktiken können unter bestimmten Voraussetzungen rechtsmissbräuchlich sein und rechtliche Grauzonen darstellen, wie beispielsweise die wiederholte Verlängerung über längere Zeiträume oder eine bestimmte Anzahl von Verträgen. Aus Arbeitgebersicht wird damit das Ziel verfolgt, ein unbefristetes Arbeitsverhältnis zu verhindern.
Kettenbefristungen oder Kettenarbeitsverträge liegen vor, wenn zwischen den Parteien nacheinander mehrere befristete Arbeitsverhältnisse vereinbart bzw. verlängert werden. Das Teilzeit- und Befristungsgesetz lässt jedoch in Grenzen eine Kette von befristeten Arbeitsverhältnissen unter bestimmten Voraussetzungen zu:

- Ohne Sachgrund kann ein Arbeitsverhältnis nach § 14 Abs. 2 TzBfG auf höchstens zwei Jahre befristet, aber innerhalb dieser Grenze bis zu dreimal verlängert werden.
- Durch Tarifvertrag können eine längere Befristungsdauer oder eine höhere Zahl von Verlängerungen vereinbart werden.
- Neu gegründete Unternehmen dürfen Arbeitsverhältnisse bis zu einer Gesamtdauer von vier Jahren befristen, § 14 Abs. 2a TzBfG,
- Bei Arbeitnehmern über 52 Jahren darf ein Arbeitgeber den Arbeitsvertrag sogar ohne Grund bis zu fünf Jahre befristen, § 14 Abs. 3 TzBfG.
- Wenn ein sachlicher Grund für die Befristung vorliegt, ist die wiederholte Befristung von Arbeitsverhältnissen nach Ansicht der Rechtsprechung sogar noch länger möglich.

Das skizzierte Vorbeschäftigungsverbot der sachgrundlosen Befristung nach § 14 Abs. 2 Satz 2 TzBfG ist ein zentrales Element, um sog. Kettenbefristungen zu vermeiden.

67. Gibt es eine Obergrenze für aufeinanderfolgende Befristungen?

Ja, die gibt es. Und zwar gibt es die gesetzlichen Obergrenzen für die sachgrundlose Befristung und die von der Rechtsprechung entwickelten Obergrenzen für die Befristung mit Sachgrund. Dazu im Einzelnen:
Sachgrundlose Befristung

- § 14 Abs. 2 Satz 1 TzBfG: Die kalendermäßige Befristung eines Arbeitsvertrages ohne Vorliegen eines sachlichen Grundes ist bis zur Dauer von zwei Jahren zulässig; bis zu dieser Gesamtdauer von zwei Jahren ist auch die höchstens dreimalige Verlängerung eines kalendermäßig befristeten Arbeitsvertrages zulässig.
- § 14 Abs. 2a TzBfG (Unternehmensgründung): In den ersten vier Jahren nach der Gründung eines Unternehmens ist die kalendermäßige Befristung eines Arbeitsvertrages ohne Vorliegen eines sachlichen Grundes bis zur Dauer von vier Jahren zulässig; bis zu dieser Gesamtdauer von vier Jahren ist auch die mehrfache Verlängerung eines kalendermäßig befristeten Arbeitsvertrages zulässig. »Mehrfach« ist nicht definiert und kann grundsätzlich viele kurzfristige Verlängerungen umfassen.
- § 14 Abs. 3 TzBfG (ältere Arbeitnehmer): Die kalendermäßige Befristung eines Arbeitsvertrages ohne Vorliegen eines sachlichen Grundes ist bis zu einer Dauer von fünf Jahren zulässig, wenn der Arbeitnehmer bei Beginn des befristeten Arbeitsverhältnisses das 52. Lebensjahr vollendet hat und unmittelbar vor Beginn des befristeten Arbeitsverhältnisses mindestens vier Monate beschäftigungslos i. S. d. § 138 Abs. 1 Nr. 1 SGB III gewesen ist, Transferkurzarbeitergeld bezogen oder an einer öffentlich geförderten Beschäftigungsmaßnahme nach dem SGB II oder III teilgenommen hat. Bis zu der Gesamtdauer von fünf Jahren ist auch die mehrfache Verlängerung des Arbeitsvertrages zulässig. Auch hier ist »mehrfach« nicht definiert und kann grundsätzlich viele kurzfristige Verlängerungen umfassen.

Befristung mit Sachgrund

- Aufgrund der Tatsache, dass Befristungen mit Sachgrund beliebig oft durchgeführt werden dürfen (sog. Kettenbefristung), ergeben sich für den Arbeitnehmer hierbei besondere Gefahren. Dazu zählt beispielsweise der Verzicht auf Arbeitsplatzsicherheit und ein Leben in sozialer Unsicherheit, vor allem aber auch eine Benachteiligung gegenüber unbefristeten Arbeitskollegen. Um dem entgegenzuwirken, hat das BAG im Jahr 2012 (BAG 18.7.2012 – 7 AZR 443/09) entschieden, dass die fortdauernde Befristung von Beschäftigungsverhältnissen trotz einschlägigen Grundes im Einzelfall unwirksam sein kann. Einzelheiten dazu sind in der Antwort zur Frage 68 dargestellt.
- Die Befristung von Arbeitsverträgen ist nach § 2 Abs. 1 WissZeitVG beim Hochschulpersonal, das nicht promoviert ist, bis zur Dauer von sechs Jahren zulässig, wenn die befristete Beschäftigung zur Förderung der eigenen wissenschaftlichen oder künstlerischen Qualifizierung erfolgt. Nach abgeschlossener Promotion ist eine Befristung bis zu einer Dauer von sechs Jahren, im Bereich der Medizin bis zu einer Dauer von neun Jahren zulässig, wenn die befristete Beschäftigung zur Förderung der eigenen wissenschaftlichen oder künstlerischen Qualifizierung dient. Die höchst zulässige Befristungsdauer verlängert sich bei der Betreuung eines oder mehrerer Kinder unter 18 Jahren um zwei Jahre je Kind. Innerhalb dieser Befristungsdauer sind beliebig viele aufeinanderfolgende Befristungen möglich.
- Ein die Befristung eines Arbeitsvertrages mit einem Arzt rechtfertigender sachlicher Grund liegt vor, wenn die Beschäftigung des Arztes seiner zeitlich und inhaltlich strukturierten Weiterbildung zum Facharzt oder dem Erwerb einer Anerkennung für einen Schwerpunkt oder dem Erwerb einer Zusatzbezeichnung, eines Fachkundenachweises oder einer Bescheinigung über eine fakultative Weiterbildung dient, § 1 Abs. 1 ÄArbVtrG. Ein befristeter Arbeitsvertrag kann auf die notwendige Zeit für den Erwerb der Anerkennung als Facharzt oder den Erwerb einer Zusatzbezeichnung, höchstens bis zur Dauer von acht Jahren, abgeschlossen werden, § 1 Abs. 3 Satz 1 ÄArbVtrG.

68. Welche Rechtsprechung gibt es zur Kettenbefristung?

Die Gerichte dürfen sich bei der Befristungskontrolle nach § 14 Abs. 1 Satz 2 Nr. 3 TzBfG nicht auf die Prüfung des geltend gemachten Sachgrunds der Vertretung beschränken. Sie sind vielmehr aus unionsrechtlichen Gründen verpflichtet, alle Umstände des Einzelfalls und dabei namentlich die Gesamtdauer und die Zahl der mit derselben Person zur Verrichtung der gleichen Arbeit geschlossenen aufeinanderfolgenden befristeten Verträge zu berücksichtigen, um auszuschließen, dass der Arbeitgeber missbräuchlich auf befristete Arbeitsverträge zurückgreift (BAG 18.7.2012 – 7 AZR 443/09). Anknüpfend an diese Rechtsprechung des BAG hat das LAG Kiel geurteilt, dass diese Rechtsmissbrauchskontrolle nicht auf die Fälle der Vertretungsbefristung nach § 14 Abs. 1 Satz 2 Nr. 3 TzBfG beschränkt, sondern auf alle sachlichen Gründe anzuwenden ist (LAG Kiel 19.12.2012 – 6 Sa 62/12).
Mittlerweile haben sich noch weitere Instanzgerichte mit der Frage des Rechtsmissbrauchs bei Kettenbefristungen befasst. Dazu folgende Rechtsprechungsübersicht:

- Nach Auffassung des LAG Rheinland-Pfalz indiziert die Beschäftigung einer Lehrerin zur Vertretung über einen Zeitraum von neun Jahren und fünf Monate aufgrund von insgesamt 17 befristeten Verträgen bei gleichbleibender Beschäftigung einen institutionellen Rechtsmissbrauch (LAG Rheinland-Pfalz 11.1.2013 – 9 Sa 366/12).
- Eine Gesamtdauer von elf Jahren und vier Monaten im Rahmen von drei befristeten Verträgen wurde vom LAG Nürnberg dagegen als wirksam erachtet (LAG Nürnberg 11.7.2012 – 4 Sa 82/12).
- Die 11. Kammer des LAG Rheinland-Pfalz sieht bereits eine rechtsmissbräuchliche Anwendung der Befristungsregelungen – jedenfalls soweit § 33 Abs. 3 TV-BA Anwendung findet – bei acht Verlängerungen und einer Gesamtdauer der Befristungen von fünfeinhalb Jahren (LAG Rheinland-Pfalz 24.1.2013 – 11 Sa 344/12).
- Dagegen betrachtet die 10. Kammer des gleichen Gerichts vier befristete Arbeitsverträge bei einer Gesamtdauer von sechs Jahren und sieben Monate als nicht rechtsmissbräuchlich (LAG Rheinland-Pfalz 13.12.2012 – 10 Sa 359/12).

Das BAG hat sich zur Rechtmäßigkeit von Kettenbefristungen wie folgt geäußert:

- Nach Auffassung des BAG sind bei der Feststellung von Missbrauchsfällen Unterbrechungen des Arbeitsverhältnisses zu berücksichtigen. So schließt eine Unterbrechung des Arbeitsverhältnisses von zwei Jahren und mehr in der Regel aufeinanderfolgende befristete Beschäftigungsverhältnisse und damit einen Rechtsmissbrauch aus.
- Das BAG hat mittlerweile seine Rechtsprechung konkretisiert. Danach ist von einem indizierten Rechtsmissbrauch auszugehen, wenn die Gesamtdauer des Arbeitsverhältnisses zehn Jahre überschreitet oder mehr als 15 Vertragsverlängerungen vereinbart wurden oder wenn mehr als 12 Vertragsverlängerungen bei einer Gesamtdauer von mehr als acht Jahren vorliegen (BAG 26. 10. 2016 – 7 AZR 135/15).
- In einem neueren Urteil stellte das BAG fest, dass bei einer Gesamtdauer von mehr als acht Jahren befristeter Verträge bereits dann eine umfassende Missbrauchskontrolle geboten ist, ohne dass es auf die Anzahl der Befristungen ankommt (BAG 29. 2. 2024 – 8 AZR 187/23).

69. Wie können sich Beschäftigte gegen Kettenbefristungen wehren?

Der Weg für die Arbeitnehmer ist in § 17 TzBfG mit der sog. Entfristungsklage beschrieben. Danach können sich Arbeitnehmer gegen eine Kettenbefristung wehren, indem sie innerhalb von drei Wochen nach Ablauf des letzten befristeten Vertrages eine Entfristungsklage beim Arbeitsgericht einreichen. Ziel ist die gerichtliche Feststellung, dass der Vertrag wegen einer unzulässigen Befristung automatisch als unbefristet gilt. Wichtig ist zudem, dem Arbeitgeber die Arbeitskraft ausdrücklich anzubieten, um ihn in Annahmeverzug zu setzen und Nachzahlungen zu ermöglichen, falls das Gericht der Klage stattgibt.
Dazu im Einzelnen:

- Die Klage ist zwingend binnen drei Wochen nach dem Ende des letzten befristeten Vertrags beim zuständigen Arbeitsgericht einzureichen.
- Die Klage kann der Arbeitnehmer selbst oder ein vom ihm beauftragter Rechtschutzsekretär oder Rechtsanwalt bei Gericht einreichen.

- Wichtig ist, dass der Arbeitnehmer seine Arbeitskraft ausdrücklich anbietet, um seinen Arbeitgeber in Annahmeverzug zu setzen. Dies ist notwendig, damit der Arbeitgeber das Arbeitsentgelt nachzahlen muss, falls die Klage Erfolg hat.
- Das Gericht prüft, ob der Arbeitgeber einen Sachgrund für die Befristung hatte oder ob die wiederholten Befristungen einen Rechtsmissbrauch darstellen. Ohne Sachgrund sind Befristungen in der Regel auf maximal zwei Jahre begrenzt, soweit nicht die längeren Zeiträume nach § 14 Abs. 2a TzBfG (Unternehmensneugründungen) bzw. § 14 Abs. 3 TzBfG (ältere Arbeitnehmer) greifen.
- Wenn die Klage erfolgreich ist, gilt das Arbeitsverhältnis als unbefristet. Wenn die Klage abgewiesen wird, dann endet das Arbeitsverhältnis mit dem vereinbarten Befristungsende.
- Wenn die Klage erfolgreich ist, besteht das Arbeitsverhältnis fort und kann nur durch Kündigung oder Aufhebungsvertrag beendet werden.

Tipp:
Es empfiehlt sich, die Klage nicht selbst bei Gericht einzureichen, sondern einen Rechtschutzsekretär der Gewerkschaft oder einen spezialisierten Rechtsanwalt – also einen Fachanwalt für Arbeitsrecht – damit zu beauftragen.

I. Sonderformen

70. Was gilt bei Befristungen von Geschäftsführern und leitenden Angestellten?

Die Regelungen des Teilzeit- und Befristungsgesetzes gelten nur für Arbeitnehmer. Deswegen muss zwischen Geschäftsführern und leitenden Angestellten differenziert werden.

Geschäftsführer von Gesellschaften: Der Geschäftsführer einer GmbH ist Organ der Gesellschaft (§ 35 GmbHG). Er vertritt die Gesellschaft nach außen als deren gesetzlicher Vertreter. Ein GmbH-Gesellschafter ist daher grundsätzlich kein Arbeitnehmer, sondern Organmitglied mit Dienstvertrag. Dies hat zur Folge, dass auf den Anstellungsvertrag des Geschäftsführers das TzBfG und dessen Begrenzung von Befristungen nicht anwendbar ist. Anstellungsverträge mit GmbH-Geschäftsführern können daher als zeitlich befristete Dienstverträge ohne die engen Voraussetzungen des TzBfG abgeschlossen werden.

Leitende Angestellte: Nach der Rechtsprechung des BAG ist auf befristete Arbeitsverträge mit leitenden Angestellten das Teilzeit- und Befristungsgesetz anwendbar (Az: 7 AZR 151/21). Eine Stellung als leitender Angestellter (§ 14 Abs. 2 KSchG) mit der damit typischerweise einhergehenden geringeren Bindung an Weisungen des Arbeitgebers ändert somit nichts am grundsätzlichen Erfordernis eines Sachgrundes zur wirksamen Befristung. Auch etwaige Satzungsbestimmungen, wonach der leitende Angestellte vom Vorstand für fünf Jahre bestellt wird ändert daran nichts, denn eine solche Satzung kann nicht die gesetzlichen Vorgaben des Teilzeit- und Befristungsgesetzes aushebeln.

71. Wie ist die Rechtslage bei befristeten Arbeitsverhältnissen im Ausland?

Die EU-Länder sind verpflichtet, mindestens eine der unten aufgeführten Maßnahmen in ihrer nationalen Gesetzgebung umzusetzen, um den Missbrauch der Aneinanderreihung aufeinanderfolgender befristeter Verträge zu unterbinden:

- objektive Gründe für die Erneuerung zeitlich befristeter Verträge
- maximal zulässige Dauer aufeinanderfolgender, befristeter Arbeitsverträge
- maximale Zahl der Verlängerungen zeitlich befristeter Verträge

Bei einem befristeten Arbeitsvertrag mit Auslandsbezug – also, wenn die Arbeitsleistung im Ausland erbracht wird – stellt sich die Frage, ob das deutsche Befristungsrecht oder das Befristungsrecht des Landes gilt, in dem die Arbeitsleistung erbracht wird. Arbeitgeber und Arbeitnehmer steht es frei, im Vertrag zu regeln, welches Recht anwendbar sein soll. Als Arbeitnehmer sollte man sich daher vor Abschluss des Arbeitsvertrages erkundigen, welches Befristungsrecht in dem Land gilt, in dem die Arbeitsleistung erbracht wird.

72. Gibt es Unterschiede bei befristeten Verträgen in Leiharbeit?

Zunächst gelten die allgemeinen Voraussetzungen für eine Befristung, die auch bei anderen befristeten Arbeitsverträgen gelten. Bei der Befristung von Arbeitsverträgen bei der Leiharbeit bzw. der Arbeitnehmerüberlassung bzw. bei dem Verleih von Arbeitnehmern an den Entleiher sind jedoch auch einige Besonderheiten zu beachten:

- Ein Leiharbeitnehmer darf nicht länger als 18 Monate hintereinander denselben Kunden (Entleiher) überlassen werden.
- Die Einsatzzeit beim selben Entleiher gilt als unterbrochen, wenn der Leiharbeitnehmer länger als drei Monate nicht in diesem Unternehmen tätig war. Erst danach beginnt die Zählung der 18 Monate von neuem.
- Der Grundsatz des Equal Pay (gleiche Bezahlung wie Stammmitarbeiter des Entleihers) gilt nach spätestens neun Monaten ununterbrochener Überlassung.

73. Gilt das TzBfG auch bei befristeten Arbeitsverhältnissen über Zeitarbeitsfirmen?

Ja, wie bei der Antwort zu Frage 72 beschrieben, gelten auch bei befristeten Arbeitsverträgen über Zeitarbeitsfirmen, also den Verleihern im Sinne des Arbeitnehmerüberlassungsgesetzes die allgemeinen Voraussetzungen beim Zustandekommen von befristeten Arbeitsverträgen.
Ein Arbeitsvertrag ohne sachlichen Grund darf höchstens für zwei Jahre befristet werden. Eine längere Befristung ist nur mit einem sachlichen Grund möglich, z. B. bei einer Vertretung, für Saisonarbeit oder nach Abschluss einer Ausbildung. Eine Befristung muss schriftlich erfolgen, bevor die Arbeit beginnt, § 14 Abs. 4 TzBfG.

74. Welche Befristungsformen gibt es im Bereich der Pflege?

Die Frage umfasst unterschiedliche Fallkonstellationen. Zum einen geht es um die befristete Einstellung eines Arbeitnehmers, der die Vertretung für einen anderen Arbeitnehmer übernimmt, der wegen der Übernahme von familiären Pflegeaufgaben freigestellt ist. Zum anderen geht es um die Frage, ob die Befristung eines Arbeitsvertrages einer Pflegekraft bis zum Tod des zu pflegenden Arbeitgebers zulässig ist.
Vertretung eines kurzeitig freigestellten Beschäftigten in Pflegezeit: Die Vertretung eines kurzzeitig freigestellten Beschäftigten in Pflegezeit gilt nach § 6 PflegeZG als Sachgrund für die Befristung eines Arbeitsverhältnisses i. S. d. § 14 Abs. 1 TzBfG. Nach § 6 PflegeZG liegt ein sachlicher Grund für die Befristung in der Vertretung eines Beschäftigten, der

- entweder kurzzeitig, bis zu 10 Arbeitstagen zur Pflege naher Angehöriger der Arbeit fernbleibt, § 2 PflegeZG,
- oder längstens 6 Monate zur häuslichen Pflege naher Angehöriger völlig oder teilweise freizustellen ist, §§ 3, 4 PflegeZG.

Die Dauer der Befristung ist nicht auf die Dauer der Vertretung beschränkt, sie kann auch den zusätzlich erforderlichen Einarbeitungszeitraum umfassen. Da im Einzelfall auch Einarbeitungszeiten von mehreren Monaten möglich sind, kann somit die Befristung u. U. deutlich über den 6-Monatszeitraum ausgedehnt werden.

Auch die befristete Einstellung zur Vertretung für einen wegen Familienpflegezeit frei werdenden Stellenanteil ist sachlich gerechtfertigt, § 2 Abs. 3 FPflZG.
Befristung bis zum Tod des zu pflegenden Arbeitgebers: Die Befristung eines Arbeitsvertrages einer Pflegekraft bis zum Tod des zu pflegenden Arbeitgebers ist zulässig. In diesem Fall liegt ein rechtmäßiger sachlicher Grund für eine Befristung gem. § 14 Abs. 1 Satz 2 Nr. 4 TzBfG vor. Danach könne eine Pflegekraft, welche ausschließlich zur Betreuung eines pflegebedürftigen Arbeitgebers eingestellt wurde, bis zu dessen Tod befristet angestellt werden. Nach diesem Zeitpunkt wäre eine Weiterbeschäftigung nicht sinnvoll. Auch könne die ursprünglich geschuldete Arbeitsleistung gar nicht mehr erbracht werden.

75. Welche Befristungsmöglichkeiten gibt es bei Start-Ups?

Grundsätzlich bestehen bei Start-Ups die gleichen Befristungsmöglichkeiten wie bei bereits seit schon bestehenden Unternehmen. Ein Start-up-Unternehmen kann also eine Befristung mit Sachgrund nach § 14 Abs. 1 TzBfG als auch eine sachgrundlose Befristung nach § 14 Abs. 2 TzBfG vornehmen.
Darüber hinaus enthält § 14 Abs. 2a TzBfG eine Sonderregelung für Existenzgründer. Mit dieser Regelung sollen Existenzgründer unterstützt werden. Ihnen soll gerade in der Aufbauphase die Entscheidung zur Einstellung von Personal erleichtert werden. Nach § 14 Abs. 2a TzBfG ist in den ersten vier Jahren nach der Gründung eines Unternehmens die kalendermäßige Befristung eines Arbeitsverhältnisses ohne Vorliegen eines sachlichen Grundes bis zur Dauer von vier Jahren zulässig. Bis zu dieser Gesamtdauer von vier Jahren ist auch die mehrfache Verlängerung des befristeten Arbeitsvertrages zulässig.
§ 14 Abs. 2a TzBfG erweitert die normale zweijährige Befristungsdauer bei der sachgrundlosen Befristung auf vier Jahre. Die vierjährige Befristungsdauer gilt ab der Gründung des Unternehmens. Maßgebend für den Zeitpunkt der Gründung des Unternehmens ist die Aufnahme der Erwerbstätigkeit, die nach § 138 der Abgabenordnung der Gemeinde oder dem Finanzamt mitzuteilen ist.

Wichtige Klarstellung:
§ 14 Abs. 2a TzBfG enthält nur eine Privilegierung für Existenzgründer bei der kalendermäßigen Befristung, nicht aber für die Zweck- oder auflösend bedingte Befristung des Arbeitsvertrages.

76. Was versteht man unter einem »auflösend bedingten Arbeitsvertrag«?

Ein auflösend bedingter Arbeitsvertrag ist ein Arbeitsvertrag, der automatisch endet, sobald eine bestimmte Bedingung eintritt. Beispiele für eine derart auflösende Bedingung:

- Ende eines Projekts
- Wegfall einer Genehmigung oder Arbeitserlaubnis
- Rückkehr einer vertretenden Person aus der Elternzeit.

Der auflösend bedingte Arbeitsvertrag ist insofern aus Arbeitgebersicht ein flexibles Instrument der Personalplanung. Für den Arbeitnehmer ist diese Art des Arbeitsvertrages mit Unsicherheiten verbunden, weil die konkrete Dauer des Arbeitsverhältnisses nicht zu Beginn der Tätigkeit feststeht. Auch der Eintritt der auflösenden Bedingung und damit das Ende des befristeten Arbeitsvertrages liegt nicht in der Hand des Arbeitnehmers.

Nach § 21 TzBfG gelten eine Vielzahl der Vorschriften über befristete Arbeitsverhältnisse auch für auflösend bedingte Arbeitsverträge. Dies hat folgende Konsequenzen:

- Die Vereinbarung einer auflösenden Bedingung bedarf der Schriftform nach § 14 Abs. 4 TzBfG.
- Die Bedingung muss klar, objektiv bestimmbar sein und rechtlich zulässig sein.
- Der Arbeitgeber muss den Eintritt der Bedingung schriftlich mitteilen, § 15 Abs. 2 TzBfG.
- Der Arbeitnehmer kann nach § 17 TzBfG binnen einer dreiwöchigen Klagefrist prüfen lassen, ob die Bedingung wirksam ist.

Wichtig aus Arbeitnehmersicht: Eine auflösende Bedingung ist unzulässig, wenn sie dem Arbeitgeber die Möglichkeit eröffnen soll, das Arbeitsverhältnis ohne Rücksicht auf zwingende Kündigungsschutznormen aus Gründen zu beenden, die in seinem Belieben liegen und von seinen wirtschaftlichen Interessen geprägt sind. Entsprechend lässt § 21 TzBfG die Vereinbarung einer auflösenden Bedingung nur zu, wenn für sie ein sachlicher Grund i. S. d. § 14 Abs. 1 TzBfG besteht. Dagegen kann sich der Arbeitgeber zur Rechtfertigung einer auflösenden Bedingung nicht auf die Befristungsmöglichkeiten

- der § 14 Abs. 2 TzBfG (sachgrundlose Befristung),
- der § 14 Abs. 2a TzBfG (Befristung bei Existenzgründern) und
- der § 14 Abs. 3 TzBfG (Befristung bei älteren Arbeitnehmern)

berufen.

Mit dem Eintritt einer auflösenden Bedingung endet das Arbeitsverhältnis automatisch, frühestens aber zwei Wochen nach Zugang der schriftlichen Unterrichtung des Arbeitnehmers durch den Arbeitgeber über den Zeitpunkt des Bedingungseintritts. Dabei hängt der Eintritt einer auflösenden Bedingung nicht von der Beteiligung einer Personalvertretung ab, dies ist gesetzlich nicht vorgesehen. § 102 BetrVG ist – so das BAG – nicht entsprechend auf die Mitteilung des Bedingungseintritts i. S. d. §§ 21, 15 Abs. 2 TzBfG anzuwenden (BAG 17. 4. 2019 – 7 AZR 61/19).

77. Was geschieht mit Befristungen bei Betriebsübergängen?

Ein Betriebsübergang im arbeitsrechtlichen Sinne ist in § 613a BGB geregelt. Danach liegt ein Betriebsübergang vor, wenn ein Betrieb oder Betriebsteil von einem Inhaber auf einen Erwerber durch Rechtsgeschäft (also meist Kauf) übertragen wird. Maßgebend ist, dass der Kern des Betriebes auf den Erwerber übergeht. Die Arbeitnehmer – auch diejenigen, die nur befristet tätig sind – müssen schriftlich über den Zeitpunkt, die Gründe sowie die rechtlichen und wirtschaftlichen Folgen des Betriebsübergangs informiert werden. Die Arbeitnehmer können dem Übergang ihres Arbeitsverhältnisses auf den Erwerber widersprechen.

Bei einem Betriebsübergang gehen alle bestehenden Arbeitsverhältnisses – auch befristete – automatisch auf den neuen Arbeitgeber über und bleiben unverändert. Dies gilt nur dann nicht, wenn der Arbeitnehmer dem Übergang seines Arbeitsverhältnisses auf den Betriebserwerber widerspricht oder der neue Arbeitgeber eine Änderungskündigung ausspricht.

Befristete Arbeitsverträge gehen genauso wie unbefristete Arbeitsverträge auf den Betriebserwerber über. Der neue Arbeitgeber tritt automatisch in

alle Rechte und Pflichten aus dem Arbeitsverhältnis ein. Eine Kündigung des Arbeitsverhältnisses durch den Veräußerer oder den Erwerber wegen des Betriebsübergangs ist unwirksam (Kündigungsverbot).
Im Falle eines Betriebsübergangs bleibt das Ende des befristeten Arbeitsvertrages gleich. Ein befristeter Vertrag, der beispielsweise bis zum 30. 9. 2026 läuft, endet auch nach dem Betriebsübergang zu diesem Datum. Der Betriebsübergang verlängert also die Dauer des befristeten Vertrages nicht.

> **Wichtig:**
> Der Betriebserwerber kann mit dem übergegangenen Arbeitnehmer eine neue Befristung vereinbaren. Allerdings zählen dann die beim alten Arbeitgeber bereits angelaufenen Zeiten bei der sachgrundlosen Befristung mit. Vorgängerbetriebe, bei denen der Arbeitnehmer beschäftigt war, bevor sein Arbeitsverhältnis nach § 613a BGB übertragen wurde, verhindern also eine Neueinstellung. Nach Auffassung des BAG gilt dies aber nicht, wenn der Arbeitnehmer vor dem Betriebsübergang bereits ausgeschieden war (BAG 25. 10. 2012 – 8 AZR 572/11).

78. Kann ein Interessenausgleich Befristungen beeinflussen?

Ein Interessenausgleich ist erforderlich, wenn in Unternehmen in der Regel mehr als 20 wahlberechtigte Arbeitnehmer beschäftigt sind, ein Betriebsrat existiert und der Arbeitgeber eine Betriebsänderung i. S. v. § 111 BetrVG plant. Ein Interessenausgleich ist eine Vereinbarung zwischen Arbeitgeber und Betriebsrat darüber, ob, wann und wie eine Betriebsänderung, also beispielsweise eine Stilllegung von Betriebsteilen, eine Verlagerung von Betriebsteilen, eine Rationalisierung oder ein Zusammenschluss von Betrieben durchgeführt wird.
Der Inhalt eines – unter Einhaltung der Schriftform oder der elektronischen Form (§ 112 Abs. 1 Satz 1 BetrVG) abzuschließenden – Interessenausgleichs umfasst typischerweise Folgendes:

- Darstellung der Ausgangslage und des Motivs für die Betriebsänderung,
- Schilderung der unternehmerischen Organisationsentscheidung,
- Darstellung, welche Umsetzungsmaßnahmen wann durchgeführt werden, wie beispielsweise Aufhebungsverträge, Kündigungen, Versetzungen, Änderungskündigungen,

- Regelung von Maßnahmen zur Verhinderung von wirtschaftlichen Nachteilen für die betroffenen Arbeitnehmer, wie beispielsweise Auslaufen befristeter Arbeitsverträge, Abbau von Leiharbeitnehmern, Überstunden, Kündigung von Werkverträgen, Kündigungsverbote, Versetzungs- oder Umschulungspflichten.

Befristete Arbeitsverhältnisse enden automatisch mit Zeitablauf oder Zweckerreichung. Der Interessenausgleich muss dies akzeptieren. Eine Verlängerung befristeter Arbeitsverträge allein durch den Interessenausgleich ist nicht möglich. Im Interessenausgleich kann aber festgelegt werden, dass bestimmte Befristungen nicht verlängert werden, um betriebsbedingte Kündigungen unbefristeter Arbeitnehmer zu vermeiden.
Befristet Beschäftigte können – wenn Betriebsrat und Arbeitgeber dies im Interessenausgleich regeln – Zugang zu Transfermaßnahmen, Qualifizierungen oder internen Stellenausschreibungen erhalten.

79. Welche Rolle spielen Sozialpläne bei Befristungen?

Ein Sozialplan soll wirtschaftliche Nachteile ausgleichen, die Arbeitnehmern durch eine Betriebsänderung entstehen. Damit ein Anspruch besteht, muss die Betriebsänderung kausal für das Ausscheiden des Beschäftigten sein. Der Nachteilsausgleich erfolgt zumeist durch finanzielle Zuwendungen (Abfindungen), durch Qualifizierungs- und Umschulungsangebote oder das Angebot zum Übergang in eine Transfergesellschaft.
Ein wirtschaftlicher Nachteil kann bei befristet Beschäftigten vorliegen, wenn:

- das Arbeitsverhältnis vorzeitig beendet wird,
- eine Verlängerungszusage wegfällt,
- eine Übernahmechance faktisch bestand, die nun entfällt, oder
- ein geplanter Projekteinsatz unterbrochen oder verkürzt wird.

Grundsätzlich können demnach befristet beschäftigte Arbeitnehmer von der Zahlung einer Sozialplanabfindung ausgenommen werden, wenn ihr Arbeitsverhältnis nicht aufgrund der Betriebsänderung, sondern mit Ende des Befristungszeitraums endet, weil sie keine Nachteile durch die Umsetzung der Betriebsänderung erleiden. Nach der Rechtsprechung des BAG sind befristet Beschäftigte nicht per se vom Sozialplan ausgeschlossen (BAG 30. 1. 2024 – 1 AZR 62/23). Maßgeblich ist, ob ihnen durch die Be-

triebsänderung ein wirtschaftlicher Nachteil entsteht. Zulässig ist es aber, befristet beschäftigte Arbeitnehmer im Rahmen der Sozialplanleistungen anders zu behandeln als unbefristet Beschäftigte.
Die Betriebsparteien können befristet Beschäftigte vom Sozialplan ausschließen, sofern dafür ein sachlicher Grund besteht, was bei einem ohnehin absehbaren Vertragsende meist angenommen wird. Der genaue Ausschluss hängt jedoch vom konkreten Sozialplan und der individuellen Situation ab, sodass die Prüfung des Sozialplanentwurfs und der Beendigungsgrund des Vertrages entscheidend sind.
Deshalb: Läuft ein befristeter Vertrag planmäßig aus, entsteht kein sozialplanpflichtiger Nachteil. Denn das Ende des befristeten Arbeitsverhältnisses war von Anfang an vereinbart. Es fehlt an einem durch die Betriebsänderung verursachten Nachteil.
Wird hingegen das befristete Arbeitsverhältnis des Arbeitnehmers vorzeitig durch betriebsbedingte Kündigung aufgelöst, entsteht ein sozialplanpflichtiger Nachteil. In diesem Fall haben die befristet Beschäftigten Anspruch auf die im Sozialplan vorgesehenen Leistungen.
Wurde die Zweckbefristung des Arbeitsverhältnisses aber mit der demnächst stattfindenden Betriebsänderung begründet, so gilt folgendes: Bei der Herausnahme zweckbefristet Beschäftigter aus dem Geltungsbereich eines Sozialplans liegt dann eine Benachteiligung aufgrund der Befristung vor, die nach § 4 Abs. 2 Satz 1 TzBfG nicht durch sachliche Gründe gerechtfertigt ist, wenn sich der Zweck der Befristung mit der Betriebsänderung in Form einer Betriebsschließung inhaltlich deckt (LAG Berlin-Brandenburg 20.9.2022 – 8 Sa 425/22). Das Arbeitsverhältnis endet dann nicht nur wegen bzw. aufgrund der Befristung, sondern aufgrund der Betriebsschließung. Zweckbefristet beschäftigte Arbeitnehmende sind daher der gleichen Überbrückungssituation ausgesetzt und benötigen den gleichen Ausgleich wie unbefristet Beschäftigte; sie können sich ebenso wenig auf eine Beendigung einstellen und haben ebenso wenig Einfluss darauf wie befristet beschäftigte Arbeitnehmende.

J. Besondere Personengruppen

80. Welche Regelungen gelten für Schwerbehinderte bei befristeten Arbeitsverträgen?

Bei der Befristung von Arbeitsverträgen mit Menschen mit Behinderungen gelten grundsätzlichen die gleichen Regelungen wie bei Befristungen mit Menschen ohne Behinderungen. Das bedeutet, dass das Teilzeit- und Befristungsgesetz Anwendung findet und sachgrundlose Befristungen nur unter den Rahmenbedingungen des § 14 Abs. 2 TzBfG abgeschlossen werden können. Es existiert keine Sonderregelung, die befristete Arbeitsverträge mit Menschen mit Behinderungen generell verbietet oder einschränkt.

> **Wichtig:**
> Arbeitnehmer mit Behinderungen haben nach den §§ 168ff. SGB IX einen besonderen Kündigungsschutz. Danach ist eine Kündigung nur mit Zustimmung des Integrationsamtes wirksam. Der besondere Kündigungsschutz gilt aber nicht beim Ablauf eines zeitlich befristeten Arbeitsvertrages. Das Arbeitsverhältnis endet also mit dem Befristungsende, ohne dass es einer Zustimmung des Integrationsamtes bedarf.

Anders ist es jedoch, wenn einzelvertraglich oder durch anwendbaren Tarifvertrag vereinbart ist, dass während der Dauer des befristeten Arbeitsverhältnisses eine ordentliche Kündigung zulässig sein soll, § 15 Abs. 4 TzBfG. In diesem Fall ist – sofern die Voraussetzungen vorliegen – sowohl der allgemeine Kündigungsschutz nach dem Kündigungsschutzgesetz als auch der besondere Kündigungsschutz nach den §§ 168ff. SGB IX zu beachten. Dies hat zur Folge, dass eine arbeitgeberseitige Kündigung eines

Arbeitnehmers mit Schwerbehinderung der Zustimmung des Integrationsamtes bedarf.
Darüber hinaus bestehen besondere Regelungen zum Schutz von Menschen mit Behinderungen, die auch bei befristeten Arbeitsverhältnissen zu beachten sind. Dazu gehören:

- Gleichbehandlungsgrundsatz: Menschen mit Behinderungen dürfen nicht wegen ihrer Behinderung benachteiligt werden, § 164 Abs. 2 SGB IX. Eine Befristung darf demnach nicht ausschließlich aufgrund der Behinderung erfolgen.
- Einbeziehung der Schwerbehindertenvertretung: Vor jeder Entscheidung über die befristete Einstellung eines Menschen mit Behinderungen muss die Schwerbehindertenvertretung beteiligt werden, § 178 SGB IX. Die Schwerbehindertenvertretung ist unverzüglich und umfassend vom Arbeitgeber zu unterrichten und anzuhören.
- Förderpflichten des Arbeitgebers: Der Arbeitgeber ist verpflichtet, dem schwerbehinderten Arbeitnehmer einen behindertengerechten Arbeitsplatz zur Verfügung zu stellen. Außerdem hat der Arbeitgeber zu prüfen, ob eine Entfristung des befristeten Arbeitsvertrages in Betracht kommt.

81. Wie wird die Befristung bei Azubis oder dual Studierenden geregelt?

Auszubildende: Ein Ausbildungsvertrag ist in der Regel zweckbefristet und endet automatisch mit Ablauf der Ausbildung. Nach Abschluss der Ausbildung ist ein befristeter Arbeitsvertrag möglich – entweder als befristeter Vertrag mit Sachgrund oder als sachgrundlose Befristung für eine maximal zweijährige Dauer. Die Befristung ohne Sachgrund nach § 14 Abs. 2 TzBfG scheitert nicht am sog. Vorbeschäftigungsverbot, weil die betriebliche Ausbildung kein Arbeitsverhältnis i. S. v. § 14 Abs. 2 Satz 2 TzBfG ist.
Nach § 14 Abs. 1 Satz 2 Nr. 2 TzBfG liegt ein sachlicher Grund vor, wenn ein Arbeitnehmer im Anschluss an eine Ausbildung oder ein Studium befristet beschäftigt wird, um ihm den Übergang in eine Anschlussbeschäftigung zu erleichtern. Ziel ist es, dem befristet beschäftigten Arbeitnehmer die Möglichkeit zu geben, erste Berufserfahrungen zu sammeln. Erfasst wird besonders auch der Fall, dass ein Arbeitnehmer, der als Werkstudent

bei dem Arbeitgeber beschäftigt war, nach dem Studium bei diesem Arbeitgeber erneut befristet beschäftigt wird.

Unter »Ausbildung« i. S. v. § 14 Abs. 1 Satz 2 Nr. 2 TzBfG ist jede Art von Ausbildung zu verstehen. Der Tatbestand umfasst daher sowohl die Berufsausbildung nach dem BBiG als auch jede andere Form der betrieblichen Ausbildung. Eine Berufsausbildung i. S. d. Berufsbildungsgesetzes wird nicht vorausgesetzt. Nach Auffassung des BAG liegt eine Ausbildung vor, wenn ein systematisch vermitteltes Ausbildungsziel verfolgt wird und keine reine Betriebsausbildung ohne Eigenwert vorliegt. Aber: Eine Promotion und innerbetriebliche Fortbildungen sind keine Ausbildung, die eine befristete Anschlussbeschäftigung sachlich zu rechtfertigen vermögen.

Im Anschluss an eine Ausbildung oder ein Studium bedeutet, dass ein enger zeitlicher Zusammenhang zwischen dem Ende der Ausbildung oder des Studiums und des befristeten Arbeitsverhältnisses bestehen muss. In aller Regel wird eine Zeitspanne von drei Monaten zwischen Ausbildung bzw. Studium und Anschlussbefristung die maximale Grenze sein.

Dual Studierende: Auch Dual Studierende können nach Abschluss der/s Ausbildung/Studiums im Rahmen eines befristeten Arbeitsvertrages beschäftigt werden – entweder als befristeter Vertrag mit Sachgrund oder als sachgrundlose Befristung für eine maximal zweijährige Dauer.

Dual Studierende können unter den Voraussetzungen des § 14 Abs. 1 Satz 2 Nr. 2 TzBfG nach ihrem Studium mit Sachgrund befristet werden. Ein entsprechender Sachgrund liegt vor, wenn ein Arbeitnehmer im Anschluss an eine Ausbildung oder ein Studium befristet beschäftigt wird, um ihm den Übergang in eine Anschlussbeschäftigung zu erleichtern. Unter den Begriff »Studium« fallen sowohl das Hochschul- als auch das Fachhochschulstudium. Der Anwendungsbereich von § 14 Abs. 1 Satz 2 Nr. 2 TzBfG umfasst dabei sowohl öffentliche als auch private Ausbildungsstätten. Unerheblich ist es, ob die Hochschulausbildung im Geltungsbereich des HRG erbracht wurde und ob das Studium erfolgreich abgeschlossen wurde. Allerdings reicht allein die Immatrikulation nicht aus, um den Tatbestand zu erfüllen.

82. Welche Folgen haben eine Schwangerschaft oder Elternzeit während einer Befristung?

Folgen einer Schwangerschaft während eines befristeten Arbeitsvertrages:
Die Kündigung des Arbeitsvertrages gegenüber einer Frau während der Schwangerschaft und bis zum Ablauf von vier Monaten nach der Entbindung ist unzulässig. Dies gilt auch während der Dauer des befristeten Arbeitsverhältnisses. Eine Kündigung des Arbeitsvertrages durch den Arbeitgeber ist grundsätzlich also auch im befristeten Arbeitsverhältnis nicht möglich.
Ein befristeter Arbeitsvertrag endet mit Ablauf der vereinbarten Zeit, auch während der Schwangerschaft, da hier kein Kündigungsschutz greift, sondern das Arbeitsverhältnis automatisch ausläuft. Der besondere Kündigungsschutz für Schwangere greift nicht, da keine Kündigung vorliegt. Möglicherweise kann es bei einer Schwangerschaft aber zu einer Verlängerung des befristeten Arbeitsvertrages kommen. Nach der Rechtsprechung ist dies möglich, wenn Frauen dadurch diskriminiert werden, wenn die Verlängerung gerade wegen der Schwangerschaft unterbleibt (ArbG Mainz 2.9.2008 – 3 Ca 1133/08).
Wenn die Schwangere gesetzlich krankenversichert ist und ihre Stelle während der Mutterschutzfrist endet, dann übernimmt danach ihre Krankenkasse den Arbeitgeberanteil am Mutterschaftsgeld – allerdings nur in Höhe des Krankengeldes. Die Krankenkasse zahlt bis zum Ende der Mutterschutzfrist sowohl das Mutterschaftsgeld als auch den Arbeitgeberzuschuss in Höhe des Krankengeldes. Wenn die Schwangere privat krankenversichert ist und ihre Stelle während der Mutterschutzfrist endet, dann bekommt sie unverändert das Mutterschaftsgeld vom Bundesamt für Soziale Sicherung. Frauen, die eine private Krankentagegeldversicherung abgeschlossen haben, haben während der Mutterschutzfristen einen Anspruch auf Zahlung des vereinbarten Krankentagegeldes.
Folgen einer Elternzeit während des befristeten Arbeitsvertrages:
Der Anspruch auf Elternzeit besteht unabhängig davon, ob man im Rahmen des unbefristeten oder befristeten Arbeitsvertrages tätig ist. Ein befristeter Arbeitsvertrag endet mit Ablauf der vereinbarten Zeit, auch während der Elternzeit, da hier kein Kündigungsschutz greift, sondern das Arbeitsverhältnis automatisch ausläuft. Die Elternzeit endet insofern

automatisch, wenn das Arbeitsverhältnis endet. Durch die Elternzeit verlängert sich die Dauer des befristeten Arbeitsverhältnisses also nicht.
Die Kündigung des Arbeitsvertrages gegenüber einer Frau während der Schwangerschaft und bis zum Ablauf von vier Monaten nach der Entbindung ist unzulässig. Dies gilt auch während der Dauer des befristeten Arbeitsverhältnisses. Eine Kündigung des Arbeitsvertrages durch den Arbeitgeber ist grundsätzlich also auch im befristeten Arbeitsverhältnis nicht möglich.

83. Was ist bei befristeter Beschäftigung von Rentnern zu beachten?

Die Befristung eines Rentner-Arbeitsverhältnisses kann auf alle Sachgrundbefristungen gem. § 14 Abs. 1 TzBfG gestützt werden. Bei der Befristung mit Sachgrund kommt es auch nicht darauf an, ob zuvor ein Arbeitsverhältnis bestand oder nicht. Allerdings hat die Bundesregierung im August 2025 den »Entwurf eines Gesetzes zur Stabilisierung des Rentenniveaus und zur vollständigen Gleichstellung der Kindererziehungszeiten« beschlossen. In dem Gesetzentwurf ist in § 41 SGB VI eine erweiterte Anwendung der sachgrundlosen Befristung nach § 14 Abs. 2 TzBfG für Rentner vorgesehen.
Konkret ist vorgesehen, dass § 14 Abs. 2 Satz 2 TzBfG nicht mehr für Arbeitnehmer gilt, die die Regelaltersgrenze überschritten haben. Danach wird der Abschluss eines sachgrundlos befristeten Arbeitsvertrages mit dem bisherigen Arbeitgeber ermöglicht. Voraussetzung ist hierfür, dass bei einer sachgrundlosen Befristung die Höchstdauer des befristeten Arbeitsverhältnisses von insgesamt acht Jahren und die Anzahl von zwölf befristeten Arbeitsverträgen nicht überschritten wird. Nach der neuen Regelung ist die sachgrundlose Befristung eines Arbeitsvertrages damit abweichend von § 14 Abs. 2 Satz 2 TzBfG unter folgenden Voraussetzungen zulässig:

- Die Arbeitnehmerin oder der Arbeitnehmer hat die Regelaltersgrenze nach § 35 Satz 2 und § 235 SGB VI erreicht,
- der einzelne nach § 14 Abs. 2 Satz 1 TzBfG sachgrundlos befristete Arbeitsvertrag überschreitet nicht die Gesamtdauer von zwei Jahren bei höchstens dreimaliger Verlängerung,

- die Dauer sachgrundlos befristeter Arbeitsverträge nach § 14 Abs. 2 Satz 1 TzBfG mit demselben Arbeitgeber überschreitet insgesamt eine Höchstdauer von acht Jahren nicht und
- es werden maximal zwölf sachgrundlos befristete Arbeitsverträge nach § 14 Abs. 2 Satz 1 TzBfG mit demselben Arbeitgeber geschlossen.

84. Welche Befristungsmöglichkeiten gibt es bei älteren Beschäftigten vor Erreichen des Rentenalters?

Zu beachten ist die Sonderregelung des § 14 Abs. 3 TzBfG. Danach ist die kalendermäßige Befristung eines Arbeitsvertrages ohne Vorliegen eines sachlichen Grundes bis zu einer Dauer von fünf Jahren zulässig, wenn der Arbeitnehmer bei Beginn des befristeten Arbeitsverhältnisses das 52. Lebensjahr vollendet hat und unmittelbar vor Beginn des befristeten Arbeitsverhältnisses beschäftigungslos i. S. v. § 138 Abs. 1 Nr. 1 SGB III Transferkurzarbeitergeld bezogen hat oder an einer öffentlich geförderten Beschäftigungsmaßnahme teilgenommen hat.
Voraussetzung für die erleichterte Befristung nach § 14 Abs. 3 TzBfG ist, dass der Arbeitnehmer bei Beginn des Arbeitsverhältnisses das 52. Lebensjahr vollendet hat. Entscheidend ist dabei der rechtliche Beginn des Arbeitsverhältnisses. Nicht entscheidend ist der Zeitpunkt des Abschlusses des Arbeitsvertrages.
Zu beachten ist des Weiteren die Regelung des § 41 Satz 3 SGB VI. Sieht eine Vereinbarung die Beendigung des Arbeitsverhältnisses mit dem Erreichen der Regelaltersgrenze vor, können die Arbeitsvertragsparteien nach § 41 Satz 3 SGB VI durch Vereinbarung während des Arbeitsverhältnisses den Beendigungszeitpunkt, gegebenenfalls auch mehrfach, hinausschieben. Die Regelung des § 41 Satz 3 SGB VI ermöglicht es, mit Mitarbeitenden, deren Arbeitsverhältnis mit dem Erreichen der Altersgrenze für die Regelaltersrente endet, eine befristete Verlängerung zu vereinbaren. Eine solche Vereinbarung, die den Beendigungszeitpunkt hinausschiebt, wird auch »Hinausschiebensvereinbarung« genannt.
Eine Hinausschiebensvereinbarung nach § 41 Satz 3 SGB VI ist nur möglich, wenn eine wirksame Regelung existiert, nach der das Arbeitsverhält-

nis mit Erreichen der Regelaltersgrenze endet. Diese kann sich aus dem Arbeitsvertrag ergeben, aber auch aus einem Tarifvertrag oder einer Betriebsvereinbarung. Fehlt eine wirksame Regelung zur Beendigung, ist § 41 SGB VI nicht anwendbar, weil das Arbeitsverhältnis nicht automatisch mit dem Renteneintritt endet. Eine Hinausschiebensvereinbarung muss von beiden Parteien im Original handschriftlich unterzeichnet und dem Mitarbeitenden ausgehändigt werden. Anderenfalls ist die Befristung unwirksam und das Arbeitsverhältnis besteht unbefristet fort.

> **Achtung:**
> Bei der Verlängerung sachgrundloser Befristungen nach § 14 TzBfG verlangt die Rechtsprechung des BAG, dass ausschließlich die Dauer des Arbeitsverhältnisses verlängert wird, alle weiteren Regelungen, etwa zur Veränderung des Entgelts oder der Arbeitszeit, aber unverändert bleiben. Dieser Grundsatz wird in der rechtswissenschaftlichen Literatur auch auf Hinausschiebensvereinbarungen nach § 41 Satz 3 SGB VI übertragen. Zwar gibt es hierzu – soweit ersichtlich – bislang keine Rechtsprechung. Allerdings empfiehlt es sich aus Gründen der Vorsicht, in der Vereinbarung zum Hinausschieben des Beendigungszeitpunktes keine weiteren Änderungen des Arbeitsverhältnisses zu vereinbaren.

85. Welches Gesetz gilt für Befristungen von Ärzten in der Weiterbildung?

Für die Befristung von Ärztinnen und Ärzten in der fachärztlichen Weiterbildung gilt in Deutschland eine besondere gesetzliche Regelung. Für die Befristung von Arbeitsverträgen mit Ärzten in der Weiterbildung gilt vorrangig das Gesetz über befristete Arbeitsverträge mit Ärzten in der Weiterbildung (ÄArbVtrG), sofern nicht das Wissenschaftszeitvertragsgesetz Anwendung findet. Das ÄArbVtrG regelt, wann ein sachlicher Grund für eine Befristung vorliegt, nämlich wenn die Beschäftigung der strukturierten Weiterbildung zum Facharzt oder dem Erwerb einer Zusatzbezeichnung dient. Es legt auch die maximal zulässige Befristungsdauer von acht Jahren fest und enthält Regelungen zu Zeiten, die nicht auf diese Dauer angerechnet werden.
Im Einzelnen ist im ÄArbVtrG Folgendes geregelt:

- Sachlicher Grund: Ein die Befristung eines Arbeitsvertrages mit einem Arzt rechtfertigender sachlicher Grund liegt vor, wenn die Beschäftigung des Arztes seiner zeitlich und inhaltlich strukturierten Weiterbildung zum Facharzt oder dem Erwerb einer Anerkennung für einen Schwerpunkt oder dem Erwerb einer Zusatzbezeichnung, eines Fachkundenachweises oder einer Bescheinigung über eine fakultative Weiterbildung dient, § 1 Abs. 1 ÄArbVtrG.

- Befristungsdauer: Ein befristeter Arbeitsvertrag kann auf die notwendige Zeit für den Erwerb der Anerkennung als Facharzt oder den Erwerb einer Zusatzbezeichnung, höchstens bis zur Dauer von acht Jahren, abgeschlossen werden, § 1 Abs. 3 Satz 1 ÄArbVtrG.
- Weitere Befristung: Zum Zweck des Erwerbs einer Anerkennung für einen Schwerpunkt oder des an die Weiterbildung zum Facharzt anschließenden Erwerbs einer Zusatzbezeichnung, eines Fachkundenachweises oder einer Bescheinigung über eine fakultative Weiterbildung kann ein weiterer befristeter Arbeitsvertrag für den Zeitraum, der für den Erwerb vorgeschrieben ist, vereinbart werden, § 1 Abs. 3 Satz 2 ÄArbVtrG.
- Nichtanrechnung bestimmter Zeiten: Bestimmte Zeiten sind nicht auf die Dauer des befristeten Arbeitsvertrages anzurechnen (z. B. Zeiten der Beurlaubung, Elternzeit, Zeiten des Grund- und Zivildienstes, s. § 1 Abs. 4 Nr. 1–5 ÄArbVtrG).

> **Wichtig:**
> Das Gesetz über befristete Arbeitsverträge mit Ärzten in der Weiterbildung enthält keine ausdrückliche Formvorschrift für den Abschluss des befristeten Vertrages. Es besteht aber Einigkeit, dass das Schriftformgebot des § 14 Abs. 4 TzBfG auf befristete Verträge mit Ärzten in der Weiterbildung anzuwenden ist.

K. Rechte der Betriebs- und Personalräte

86. Welche Beteiligungsrechte haben Betriebs- und Personalräte bei befristeten Verträgen?

Bei der Befristung eines Arbeitsvertrages sind die Mitbestimmungsrechte des Betriebs- bzw. Personalrats zu beachten.

Beteiligungsrechte des Betriebsrats

Zustimmung des Betriebsrats nach § 99 Abs. 1 BetrVG: In Unternehmen mit in der Regel mehr als zwanzig wahlberechtigten Arbeitnehmern hat der Arbeitgeber den Betriebsrat vor jeder Einstellung zu unterrichten, ihm die erforderlichen Bewerbungsunterlagen vorzulegen und Auskunft über die Person der Beteiligten zu geben; er hat dem Betriebsrat unter Vorlage der erforderlichen Unterlagen Auskunft über die Auswirkungen der geplanten Maßnahme zu geben und die Zustimmung des Betriebsrats zu der geplanten Maßnahme einzuholen.
Unterrichtungspflicht des Arbeitgebers: Nach § 99 Abs. 1 Satz 1 BetrVG ist der Betriebsrat in Unternehmen mit in der Regel mehr als 20 wahlberechtigten Arbeitnehmern vom Arbeitgeber vor jeder Einstellung zu unterrichten. Eine Einstellung liegt vor, wenn Personen in den Betrieb eingegliedert werden, um zusammen mit den dort schon beschäftigten Arbeitnehmern den arbeitstechnischen Zweck des Betriebs durch weisungsgebundene Tätigkeiten zu verwirklichen. Die Unterrichtungspflicht des Arbeitgebers besteht auch dann, wenn ein befristetes Arbeitsverhältnis verlängert wird. Gleiches gilt, wenn ein befristet beschäftigter Arbeitnehmer in ein unbefristetes Arbeitsverhältnis übernommen wird. Dabei genügt der Arbeitgeber seiner Unterrichtungspflicht, wenn für den Personalrat der Sach-

grund seiner Art nach hinreichend deutlich wird. Der Arbeitgeber ist nicht verpflichtet, gegenüber dem Personalrat unaufgefordert das Vorliegen des Sachgrundes für die Befristung im Einzelnen darzulegen.

Beteiligungsrechte der Personalvertretungen

Nach § 78 Abs. 1 Nr. 1 BPersVG hat auch der Personalrat ein entsprechendes Mitbestimmungsrecht.
Unterrichtung des Personalrats: Unterliegt eine Einstellung der Mitbestimmung des Personalrats, hat der Arbeitgeber den Personalrat von der beabsichtigten Maßnahme zu unterrichten und seine Zustimmung zu beantragen. Eine ordnungsgemäße Unterrichtung über die Rechtfertigung der Befristung erfordert nicht die ausdrückliche Angabe, dass die Befristung sachgrundlos i. S. v. § 14 Abs. 2 TzBfG erfolgen soll. Aus dem Fehlen von Angaben zu einem der Befristung zugrundeliegenden Sachgrund wird für den Personalrat deutlich, dass die Befristung ohne Sachgrund erfolgen soll; damit ist gleichzeitig gewährleistet, dass der Arbeitgeber die Befristung nicht auf einen Sachgrund stützen kann, zu dem der Personalrat seine Zustimmung nicht erteilt hat.

87. Müssen Arbeitgeber dem Betriebs- oder Personalrat den Befristungsgrund mitteilen?

Ja, das muss der Arbeitgeber. Das BAG hat mehrfach entschieden, dass der Arbeitgeber im Rahmen der Anhörung nach § 99 BetrVG dem Betriebsrat den Befristungsgrund offenzulegen hat (Az: 1 ABR 27/04; 1 ABR 35/08). Denn: Nur so kann der Betriebsrat prüfen, ob ein Zustimmungsverweigerungsgrund nach § 99 Abs. 2 BetrVG vorliegt.
Der Arbeitgeber hat also im Rahmen der Unterrichtung nach § 99 BetrVG darzulegen, warum der Arbeitsvertrag befristet wird. Er hat also mitzuteilen, ob der Arbeitsvertrag mit oder ohne sachlichen Grund vereinbart wird. Im Falle einer Befristung mit Sachgrund hat der Arbeitgeber den Grund der Befristung dem Betriebsrat mitzuteilen.
Ohne die Mitteilung des Befristungsgrundes gegenüber dem Betriebsrat ist die Unterrichtung nach § 99 BetrVG unvollständig. Die Rechtsfolge: Das Zustimmungsverfahren nach § 99 BetrVG ist nicht ordnungsgemäß ein-

geleitet worden, mit der Folge, dass der Arbeitgeber die Einstellung nicht wirksam vornehmen kann.

88. Können Betriebs- und Personalräte einer Befristung widersprechen?

Der Betriebsrat kann einer Einstellung aus den in § 99 Abs. 2 Nr. 1–6 BetrVG genannten Gründen widersprechen. Nach Auffassung des BAG kann der Betriebsrat einer befristeten Einstellung allerdings nicht mit dem Argument widersprechen, er billige befristete Arbeitsverträge grundsätzlich nicht.

- Nach § 99 Abs. 2 Nr. 1 BetrVG kann der Betriebsrat seine Zustimmung verweigern, wenn die personelle Maßnahme gegen ein Gesetz verstößt.
- Nach § 99 Abs. 2 Nr. 2 BetrVG kann der Betriebsrat seine Zustimmung verweigern, wenn die personelle Maßnahme gegen eine Richtlinie nach § 95 verstoßen würde.
- Nach § 99 Abs. 2 Nr. 3 BetrVG hat der Betriebsrat ein Widerspruchsrecht bei einer unbefristeten Einstellung, wenn dabei gleich geeignete, schon im Betrieb tätige befristete Arbeitnehmer nicht berücksichtigt wurden.
- Nach § 99 Abs. 2 Nr. 4 BetrVG hat der Betriebsrat ein Widerspruchsrecht, wenn der betroffene Arbeitnehmer durch eine personelle Maßnahme benachteiligt wird, ohne dass dies aus betrieblichen oder in der Person des Arbeitnehmers liegenden Gründen gerechtfertigt ist.
- Nach § 99 Abs. 2 Nr. 5 BetrVG hat der Betriebsrat ein Widerspruchsrecht, wenn eine nach § 93 BetrVG erforderliche Ausschreibung unterblieben ist.
- Nach § 99 Abs. 2 Nr. 6 BetrVG hat der Betriebsrat ein Widerspruchsrecht, wenn die durch Tatsachen begründete Besorgnis besteht, dass der für die personelle Maßnahme in Aussicht genommene Bewerber oder Arbeitnehmer den Betriebsfrieden durch gesetzwidriges Verhalten oder durch grobe Verletzung der in § 75 Abs. 1 enthaltenen Grundsätze, insbesondere durch rassistische oder fremdenfeindliche Betätigung, stören werde.

> **Wichtig:**
> Durch freiwillige Betriebsvereinbarung können die Zustimmungsverweigerungsgründe zugunsten des Betriebsrats erweitert werden. Dazu ist die Angabe konkreter Zustimmungsverweigerungsgründe erforderlich.

Verweigert der Betriebsrat seine Zustimmung, so hat er dies unter Angabe von Gründen innerhalb einer Woche nach Unterrichtung durch den Arbeitgeber diesem schriftlich mitzuteilen, § 99 Abs. 3 BetrVG. Die bloße Wiederholung eines der Zustimmungsverweigerungsgründe nach § 99 Abs. 2 BetrVG oder floskelhafte Angaben reichen nicht aus. Erforderlich ist vielmehr die Darlegung von Tatsachen, die das Vorliegen eines Verweigerungsgrundes für möglich erscheinen lassen.

Teilt der Betriebsrat dem Arbeitgeber die Verweigerung seiner Zustimmung nicht innerhalb der Wochenfrist schriftlich mit, so gilt die Zustimmung als erteilt. Verweigert der Betriebsrat seine Zustimmung, so kann der Arbeitgeber nach § 99 Abs. 4 BetrVG beim Arbeitsgericht beantragen, die Zustimmung zu ersetzen.

Der Personalrat kann nach § 78 Abs. 1 BPersVG seine Zustimmung zur befristeten Einstellung eines Arbeitnehmers verweigern, wenn

1. die Maßnahme gegen ein Gesetz, eine Verordnung, eine Bestimmung in einem Tarifvertrag, eine gerichtliche Entscheidung, den Gleichstellungsplan oder eine Verwaltungsanordnung oder gegen eine Richtlinie i. S. d. § 80 Abs. 1 Nr. 12 BPersVG verstößt,
2. die durch Tatsachen begründete Besorgnis besteht, dass durch die Maßnahme der oder die betroffene Beschäftigte oder andere Beschäftigte benachteiligt werden, ohne dass dies aus dienstlichen oder persönlichen Gründen gerechtfertigt ist, oder
3. die durch Tatsachen begründete Besorgnis besteht, dass die oder der Beschäftigte oder die Bewerberin oder der Bewerber den Frieden in der Dienststelle durch unsoziales oder gesetzwidriges Verhalten stören werde.

89. Welche Informationsrechte bestehen für Betriebs- und Personalräte?

In Unternehmen mit in der Regel mehr als zwanzig wahlberechtigten Arbeitnehmern hat der Arbeitgeber den Betriebsrat nach § 99 Abs. 1 Satz 1 BetrVG vor jeder Einstellung, Eingruppierung, Umgruppierung und Versetzung zu unterrichten, ihm die erforderlichen Bewerbungsunterlagen vorzulegen und Auskunft über die Person der Beteiligten zu geben; er hat dem Betriebsrat unter Vorlage der erforderlichen Unterlagen Auskunft über die Auswirkungen der geplanten Maßnahme zu geben und die Zustimmung des Betriebsrats zu der geplanten Maßnahme einzuholen. Bei Einstellungen und Versetzungen hat der Arbeitgeber insbesondere den in Aussicht genommenen Arbeitsplatz und die vorgesehene Eingruppierung mitzuteilen, § 99 Abs. 1 Satz 2 BetrVG.
Unter dem Begriff der »Einstellung« nach § 99 Abs. 1 BetrVG fallen auch die befristet eingestellten Beschäftigten. Der Arbeitgeber hat nach § 99 Abs. 1 BetrVG den Betriebsrat rechtzeitig vor den personellen Einzelmaßnahmen zu unterrichten. Die Unterrichtung kann mündlich oder schriftlich geschehen, allerdings muss der Arbeitgeber dem Betriebsrat die erforderlichen Unterlagen für maximal eine Woche zur Verfügung stellen. Die Unterrichtung bezieht sich im Einzelnen

- auf die Personalien,
- den vorgesehenen Zeitpunkt der Maßnahme sowie
- auf alle persönlichen Umstände der betroffenen Arbeitnehmer oder Bewerber, sofern diese für die Bewertung der fachlichen und persönlichen Eignung ausschlaggebend sein können.

Neben der Übergabe der Bewerbungsunterlagen aller Bewerber muss der Arbeitgeber auch über die Auswirkungen der geplanten Maßnahme unterrichten. Zu den Bewerbungsunterlagen gehören die Bewerbungsschreiben mit allen Anlagen und die vom Arbeitgeber zum Einstellungsverfahren angefertigten eigenen Dokumente, beispielsweise über Assessmentcenter mit den Bewerbern.
Zeitlich muss die Unterrichtung des Betriebsrats durch den Arbeitgeber rechtzeitig vor der Maßnahme erfolgen. Aufgrund der Wochenfrist nach § 99 Abs. 3 BetrVG muss der Arbeitgeber die Unterrichtung daher mindestens eine Woche vor der Maßnahme durchführen, ansonsten beginnt

die Frist nach § 99 Abs. 3 BetrVG nicht zu laufen und die Maßnahme hat zu unterbleiben.

90. Gibt es Unterschiede im Mitbestimmungsrecht zwischen TVöD und TV-L?

Die Frage unterstellt, dass innerhalb des TVöD und des TV-L die Mitbestimmung der Personalvertretungen bei befristeten Arbeitsverträgen geregelt ist. Dies ist aber nicht der Fall. Die Mitbestimmung bei befristeten Arbeitsverträgen richtet sich nicht nach dem TVöD bzw. dem TV-L, sondern nach den jeweiligen Personalvertretungsgesetzen. Im Bereich des TVöD ist die Mitbestimmung der Personalvertretungen im Bundespersonalvertretungsgesetz geregelt und im Bereich des TV-L finden die Landes- bzw. Kommunalpersonalvertretungsgesetze Anwendung.

91. Können befristet Beschäftigte in den Betriebsrat gewählt werden?

Ja, auch befristet eingestellte Arbeitnehmer können in den Betriebsrat gewählt werden, wenn sie die allgemeinen Wahlvoraussetzungen erfüllen, insbesondere eine Betriebszugehörigkeit von mindestens sechs Monaten. Aber die Betriebsratstätigkeit hat nicht zur Folge, dass aus dem befristeten Arbeitsverhältnis ein unbefristetes Arbeitsverhältnis wird.

Nach der Rechtsprechung des BAG aus dem Jahr 2025 schützt § 15 KSchG die Betriebsratsmitglieder vor einer ordentlichen Kündigung. Die Wahl in den Betriebsrat hat aber nicht die Unwirksamkeit der Befristung zur Folge (BAG 18.6.2025 – 7 AZR 50/24). Auch das Europarecht führe zu keiner anderen Bewertung, so das BAG. Zwar endet das Arbeitsverhältnis mit Ablauf der Befristung, aber § 78 Satz 2 BetrVG schützt Betriebsratsmitglieder vor Benachteiligungen aufgrund ihrer Tätigkeit. Wenn also die Beendigung des Arbeitsverhältnisses allein auf die Betriebsratstätigkeit zurückzuführen ist, kann dies eine unzulässige Benachteiligung darstellen.

Ein nach Maßgabe des TzBfG zulässig befristetes Arbeitsverhältnis endet daher grundsätzlich auch dann mit Ablauf der vereinbarten Befristung, wenn der Arbeitnehmer zwischenzeitlich in den Betriebsrat gewählt worden ist. Etwas anderes gilt nur, wenn der Arbeitgeber dem Betriebsratsmitglied nachweislich wegen des Mandats keinen Folgevertrag anbietet. Hiernach genügt der Vortrag von Indizien durch den Arbeitnehmer, die für eine Benachteiligung sprechen. Derartige Indizien können etwa sein, dass der Arbeitgeber allen anderen befristet Beschäftigten durchaus Verlängerungen angeboten hat. Ebenfalls kann es ausreichen, dass sich der Arbeitgeber in einer Art und Weise zum Betriebsratsamt geäußert hat, die eine Benachteiligung nahelegt. In diesen Fällen muss der Arbeitgeber die vorgetragenen Indizien entkräften.

92. Kann die Betriebsratstätigkeit ein Sachgrund für ein befristetes Arbeitsverhältnis sein?

Ja, das kann es. Das BAG hat das Interesse des Arbeitgebers an der personellen Kontinuität des Betriebsrats ausdrücklich als Sachgrund für die Befristung des Arbeitsverhältnisses eines Betriebsratsmitglieds anerkannt. Der Arbeitgeber habe selbst ein berechtigtes Interesse an der Funktionsfähigkeit eines in seinem Betrieb gebildeten Betriebsrats sowie daran, dass nicht durch ein vermeidbares Ausscheiden der Betriebsratsmitglieder aus dem Betrieb und dem Betriebsrat bereits während dessen Amtszeit kostspielige Neuwahlen erforderlich sind. Dieses Interesse des Arbeitgebers ist grundsätzlich geeignet, einen Sachgrund für eine Befristung darzustellen.

Das BAG hat in seiner Entscheidung auf dem Jahr 2016 geurteilt, dass die Befristung eines Arbeitsverhältnisses mit einem Betriebsratsmitglied auf den Sachgrund der Betriebsratstätigkeit gestützt werden kann (Az: 7 AZR 467/14). Dies ist beispielsweise dann der Fall, wenn die Befristung zur Wahrung der personellen Kontinuität des Betriebsratsgremiums geeignet und erforderlich ist. Zulässig ist die Befristung nur dann, wenn die Befristungsdauer sich auf die gesamte restliche Amtszeit des Betriebsrats erstreckt. Ist die Befristungsdauer kürzer bemessen, bedarf es besonderer Umstände, aus denen sich ergibt, dass die Befristung dennoch zur Wahrung der personellen Kontinuität des Betriebsratsgremiums geeignet und erforderlich ist.

Allerdings: Befindet sich das Betriebsratsmitglied bereits in einem unbefristeten Arbeitsverhältnis, ist die Befristung regelmäßig nicht erforderlich, um die personelle Kontinuität des Betriebsratsgremiums sicherzustellen. Wie ist die Rechtslage bei einem Betriebsratsmitglied, wenn die sachgrundlose Befristung endet? In seinem Urteil vom Juni 2025 hat das BAG dazu eine klare Aussage getroffen. Das Arbeitsverhältnis endet im Falle der sachgrundlosen Befristung des Arbeitsverhältnisses auch bei zwischenzeitlicher Wahl des Arbeitnehmers in den Betriebsrat mit Ablauf der vereinbarten Frist (Az: 7 AZR 50/24). Es wird keine automatische Entfristung des Arbeitsverhältnisses ausgelöst. Zwar schützt § 15 KSchG die Betriebsratsmitglieder vor einer Kündigung. Von § 15 KSchG wird aber die rechtmäßige Befristung von Arbeitsverträgen nicht umfasst.

L. Rechtsprechung

93. Welche Leitsätze gelten für Befristungen aus der BAG-Rechtsprechung?

Befristung mit Sachgrund

- Nach Auffassung des BAG ist ein sachlicher Grund bei der Befristung einzelner Arbeitsbedingungen dann erforderlich, wenn die Befristung in den Kernbereich des Änderungsschutzes eingreift bzw. wenn durch die Befristung der gesetzliche Änderungskündigungsschutz umgangen werden kann (BAG 14. 1. 2004 – 7 AZR 213/03).
- Eine wirksame Befristung wegen vorübergehenden Mehrbedarfs nach § 14 Abs. 1 Satz 2 Nr. 1 TzBfG setzt die Darlegung voraus, dass die Anzahl der zusätzlichen erforderlichen Arbeitsstunden mit dem Mehrbedarf korreliert. Dazu ist zunächst der Regelbedarf darzustellen und durch welche Umstände in welcher konkreten Höhe Mehrbedarf bedingt ist (BAG 20. 2. 2008 – 7 AZR 950/06).
- Nicht unter § 14 Abs. 1 Satz 2 Nr. 1 TzBfG zu subsumieren ist die jeder wirtschaftlichen Tätigkeit innewohnende Unsicherheit über die künftige Entwicklung und der dadurch hervorgerufene wechselnde Bedarf an Arbeitskräften. Die allgemeine Unsicherheit über die künftig bestehenden Beschäftigungsmöglichkeiten rechtfertigt eine Befristung nicht. Sie gehört zum unternehmerischen Risiko des Arbeitgebers, das er nicht durch Abschluss eines befristeten Arbeitsvertrages auf die Arbeitnehmer abwälzen darf (BAG 15. 10. 2014 – 7 AZR 893/12).
- Eine »Anschlussbeschäftigung« ist nur gegeben, wenn es sich um die erste Beschäftigung auf Grundlage eines Arbeitsvertrages handelt. Eine Befristung nach § 14 Abs. 1 Satz 2 Nr. 2 TzBfG ist nach Auffassung des

BAG ausgeschlossen, sofern nach der Ausbildung bereits ein Arbeitsverhältnis bestand (BAG 24.8.2011 – 7 AZR 368/10).

- Eine Vertretungsbefristung nach § 14 Abs. 1 Satz 2 Nr. 3 TzBfG kann nach der Rechtsprechung des BAG auch zur Vertretung eines noch einzustellenden Mitarbeiters erfolgen, sog. Platzhalterbefristung (BAG 21.12.1999 – 7 AZR 434/99).
- Die Begründung des Arbeitgebers, der Arbeitnehmer übe bereits eine Hauptbeschäftigung aus, über die er abgesichert sei, rechtfertigt keine Befristung nach § 14 Abs. 1 Satz 2 Nr. 6 TzBfG (BAG 10.8.1994 – 7 AZR 695/93).
- Die Aufzählung von Sachgründen für die Befristung von Arbeitsverträgen nach § 14 Abs. 1 Satz 2 Nr. 1–8 TzBfG ist nicht abschließend. Auch sonstige, vor Inkrafttreten des TzBfG von der Rechtsprechung anerkannte Sachgründe können eine Befristung nach § 14 Abs. 1 TzBfG rechtfertigen. Bei sonstigen sachlichen Gründen muss aber auf die Wertung des § 14 Abs. 1 Satz 2 Nr. 1–8 TzBfG zurückgegriffen werden (BAG 16.3.2005 – 7 AZR 289/04).

Sachgrundlose Befristung

- Eine Verlängerung i. S. v. Abs. 2 Satz 1 erfordert zudem, dass die bisherigen Vertragsbedingungen unverändert weiter gelten. Der Begriff der »Verlängerung« betrifft nur die Laufzeit des Vertrags. Werden die übrigen Bestandteile des bisherigen Vertragsverhältnisses geändert, handelt es sich um den Neuabschluss eines Vertrags und nicht mehr um die Verlängerung der Laufzeit des bisherigen Vertrags (BAG 26.7.2000 – 7 AZR 546/99).

Kettenbefristung

- Nach Auffassung des BAG dürfen die Gerichte sich bei der Befristungskontrolle nicht auf die Prüfung des zuletzt geltend gemachten Sachgrundes beschränken. Sie sind vielmehr aus unionsrechtlichen Gründen verpflichtet, alle Umstände des Einzelfalles und dabei namentlich die Gesamtdauer und die Zahl der mit derselben Person zur Verrichtung der gleichen Arbeit geschlossenen aufeinanderfolgenden befristeten Verträge zu berücksichtigen (BAG 18.7.2012 – 7 AZR 443/09).

Schriftformerfordernis

- Die Wahrung der in § 14 Abs. 4 TzBfG bestimmten Schriftform verlangt die Unterzeichnung der Befristungsabrede und den Zugang der unterzeichneten Befristungsabrede bei dem Erklärungsempfänger vor Vertragsbeginn. Der maßgebliche Zeitpunkt für die Wahrung der Schriftform ist der Vertragsschluss. Weil der Sinn und Zweck der gesetzlichen Schriftform des § 14 Abs. 4 TzBfG in der Warn-, Beweis- und Klarstellungsfunktion besteht, kann der Mangel der Schriftform im Zeitpunkt des Vertragsschlusses nicht dadurch geheilt werden, dass dem Arbeitnehmer nach Arbeitsaufnahme die unterzeichnete Vertragsurkunde des Arbeitgebers zugeht (BAG 14.12.2016 – 7 AZR 142/15).

Beteiligung von Betriebsrat/Personalrat

- Nach Auffassung des BAG kann der Betriebsrat einer befristeten Einstellung allerdings nicht mit dem Argument widersprechen, er billige befristete Arbeitsverträge grundsätzlich nicht (BAG 28.6.1994 – 1 ABR 59/93).

94. Welche Rolle spielt die EuGH-Rechtsprechung bei der Befristung?

Die Rechtsprechung des Europäischen Gerichtshofs spielt im Deutschen Arbeitsrecht zur Befristung von Arbeitsverträgen eine wichtige Rolle. Hintergrund dafür ist, dass der EuGH die Vorgaben der EU-Richtlinie 1999/70/EG über befristete Arbeitsverträge und die dazu gehörende Rahmenvereinbarung konkretisiert. Deutschland muss diese Vorgaben über das Teilzeit- und Befristungsgesetz im Einklang mit dem europäischen Recht, also insbesondere der sog. Befristungsrichtlinie im Einklang bringen.

Folgende Grundsätze hat der EuGH aufgestellt:

- Befristete Arbeitsverträge dürfen nicht zu einem dauerhaften Ersatz von unbefristeten Stellen führen. Befristete Arbeitsverträge sind ein legitimes Instrument der Personalplanung, sie dürfen aber nicht missbräuchlich zur Umgehung des Kündigungsschutzes eingesetzt werden.
- Nationale Gerichte müssen prüfen, ob die wiederholte Befristung von Arbeitsverträgen objektiv gerechtfertigt ist oder ob sie zur Umgehung des Grundsatzes des unbefristeten Arbeitsverhältnisses führt. Der EuGH verlangt eine Einzelfallprüfung, in die die Gesamtdauer der Befristungen, die Anzahl der einzelnen befristeten Arbeitsverträge sowie die Art der Tätigkeit einbezogen werden.

- Befristungen müssen auf einen tragfähigen Sachgrund beruhen und dürfen nicht Daueraufgaben abdecken.

Folgende Urteile des EuGH sind besonders wichtig:

- Grundsatzurteil zu Kettenbefristungen (C-16/15): Der EuGH hat festgestellt, dass die wiederholte Befristung von Arbeitsverträgen unzulässig ist, wenn ein dauerhafter Personalbedarf vorliegt. Eine Befristung ist hier nicht zulässig, um die Spaltung der Belegschaft zu verhindern.
- Grundsatzurteil Kettenbefristung (C-586/10): Der EuGH stellte klar, dass eine aufeinanderfolgende Verlängerung befristeter Arbeitsverträge mit einem Sachgrund – hier die Vertretung – rechtsmissbräuchlich sein kann, wenn sie über Jahre fortgesetzt wird. Dies stärkt den Schutz vor sogenannten Kettenbefristungen, auch wenn ein Sachgrund vorliegt.
- Kündigungsgründe bei befristeten Verträgen (C-715/20): Wenn es in einem Land üblich ist, bei der ordentlichen Kündigung eines unbefristeten Arbeitsvertrages Gründe anzugeben, müssen Arbeitgeber auch bei befristeten Arbeitsverträgen die Gründe für eine ordentliche Kündigung nennen. Dies gilt, um den Grundsatz der Nichtdiskriminierung zu wahren.
- Befristung bei Rentnern (C-442/17): Der EuGH hat entschieden, dass eine Befristung eines Arbeitsverhältnisses mit Arbeitnehmern, die das Renteneintrittsalter erreicht haben, grundsätzlich nicht diskriminierend ist. Diese Befristung ist unter bestimmten Bedingungen zulässig, wenn sie nicht diskriminierend ist und durch das Unionsrecht gerechtfertigt wird.
- Urlaubsansprüche bei Befristung (C-120/21): Ein Arbeitnehmer hat auch bei einem befristeten Arbeitsvertrag Anspruch auf bezahlten Urlaub, der unter bestimmten Bedingungen vererbt werden kann. Wenn ein Arbeitgeber seiner Mitwirkungspflicht zur Inanspruchnahme des Urlaubs nicht nachkommt, kann der Anspruch unter bestimmten Umständen nicht verjähren.

95. Welche gerichtlichen Entscheidungen sind für die Vorbeschäftigung relevant?

Nach Auffassung des BVerfG ist die vom BAG vorgenommene Auslegung – wonach eine wiederholte sachgrundlose Befristung zwischen denselben Vertragspartnern immer dann gestattet ist, wenn zwischen den Arbeitsverhältnissen ein Zeitraum von mehr als drei Jahren liegt – mit dem Grundgesetz nicht zu vereinbaren (BVerfG 6. 6. 2018 – 1 BvL 7/14).

- Nach dem Beschluss des BVerfG vom 6. 6. 2018 ist das Verbot der sachgrundlosen Befristung bei nochmaliger Einstellung beim selben Arbeitgeber aber unzumutbar, wenn die Gefahr von Kettenbefristungen nicht besteht (BVerfG 6. 6. 2018 – 1 BvL 7/14).
- Das Verbot der befristeten Wiedereinstellung kann insbesondere dann unzumutbar sein, wenn die Vorbeschäftigung sehr lange zurückliegt, ganz anders geartet oder von nur sehr kurzer Dauer gewesen war. Beispielhaft führt das BVerfG folgende Fälle an:
  - Nebenbeschäftigung während der Schul-, Studien oder Familienzeit;
  - Werkstudierende, studentische Mitarbeit im Rahmen einer Berufsqualifizierung;
  - Freiwillige Unterbrechung der Erwerbsbiographie, die mit einer beruflichen Neuorientierung oder einer Aus- und Weiterbildung einhergeht.
- Anknüpfend an diese Rechtsprechung des BVerfG hat das BAG entschieden, dass das Verbot der sachgrundlosen Befristung gem. § 14 Abs. 2 Satz 2 keiner festen zeitlichen Begrenzung unterliegt. Das Verbot greift dann nicht, wenn eine Vorbeschäftigung sehr lang zurückliegt, ganz anders geartet war oder von sehr kurzer Dauer gewesen ist (BAG 23. 1. 2019 – 7 AZR 733/16).
- Liegt ein vorangegangenes Arbeitsverhältnis acht oder neun Jahre zurück, ist dies kein sehr langer Zeitraum, der eine Ausnahme vom Vorbeschäftigungsverbot rechtfertigt (BAG 23. 1. 2019 – 7 AZR 13/17). Eine 15 Jahre zurückliegende, fünf Monate dauernde Vorbeschäftigung schließt die sachgrundlose Befristung des Arbeitsverhältnisses aus (BAG 17. 4. 2020 – 7 AZR 323/17).

96. Welche Urteile gab es zuletzt zu Kettenbefristungen?

- Die Organisationsentscheidung, eine ausgeschriebene Stelle im Wege eines sachgrundlos befristeten Arbeitsverhältnisses zu besetzen und Bewerber von der Auswahl auszuschließen, bei denen eine sachgrundlose Befristung des Arbeitsverhältnisses wegen einer Vorbeschäftigung mit demselben Arbeitgeber möglicherweise unwirksam ist, hält sich regelmäßig im Rahmen des dem öffentlichen Arbeitgeber zustehenden weiten Organisationsermessens. Das gilt jedenfalls, wenn die Vorbeschäftigung nicht eindeutig für die Wirksamkeit einer sachgrundlosen Befristung des Arbeitsverhältnisses unbeachtlich ist, weil sie sehr lang zurückliegt, ganz anders geartet war oder von sehr kurzer Dauer gewesen ist (BAG 25.7.2024 – 8 AZR 24/24).
- Eine Vorbeschäftigung i. S. v. § 14 Abs. 2 Satz 2 TzBfG ist nicht gegeben, wenn das Ende des früheren Arbeitsverhältnisses mehr als drei Jahre zurückliegt (LAG Nürnberg 24.10.2023 – 5 Sa 746/12).
- Liegt ein Sachgrund vor, kann von der Befristung des Arbeitsverhältnisses Gebrauch gemacht werden, solange das Arbeitsverhältnis nicht die Gesamtdauer von sechs Jahren überschreitet und zudem nicht mehr als neun Vertragsverlängerungen vereinbart wurden, es sei denn, die Gesamtdauer übersteigt bereits acht Jahre oder es wurden mehr als zwölf Vertragsverlängerungen vereinbart (LAG Rheinland-Pfalz 25.1.2023 – 7 Sa 195/22 in Anlehnung an BAG 21.2.2018 – 7 AZR 696/16).
- Nach § 65 Abs. 2 Nr. 4 NPersVG bestimmt der Personalrat mit bei der Befristung eines Arbeitsvertrages im Anschluss an ein zuvor befristetes Arbeitsverhältnis. Dieses Mitbestimmungsrecht bezieht sich nicht auf die tatsächliche Eingliederung des befristet beschäftigten Arbeitnehmers in die Dienststelle, sondern auf die inhaltliche Ausgestaltung des Arbeitsverhältnisses durch die Befristung des Arbeitsvertrages. Die Verletzung des Mitbestimmungsrechts des Personalrats nach § 65 Abs. 2 Nr. 4 NPersVG führt zur Unwirksamkeit der Befristungsabrede (BAG 1.6.2022 – 7 AZR 232/21).
- Die Anwendung des § 14 Abs. 2 Satz 2 TzBfG, wonach die sachgrundlose Befristung eines Arbeitsvertrages unzulässig ist, wenn »bereits zuvor« ein Arbeitsverhältnis bei demselben Arbeitgeber bestanden hat, ist im Wege der verfassungskonformen Auslegung der Vorschrift auf Fälle aus-

zuschließen, in denen dies für die Parteien unzumutbar wäre. Die dies aussprechende Entscheidung des BVerfG vom 6.6.2018 (1 BvL 7/14, 1 BvR 1375/14,) ist für die Gerichte bindend. Die Unzumutbarkeit kann dann gegeben sein, wenn die Vorbeschäftigung von sehr kurzer Dauer war. Bei einem vor ca. 13 Jahren bestehenden Arbeitsverhältnis für die Dauer von acht Wochen handelt es sich um eine Vorbeschäftigung von sehr kurzer Dauer, welche die Unzumutbarkeit der Anwendung von § 14 Abs. 2 Satz 2 TzBfG bedingt (BAG 15.12.2021 – 7 AZR 530/20).

- Wird eine Studienassistentin in Forschungsprojekten aufgrund von aneinander gereihten sachgrundbefristeten Arbeitsverträgen über einen besonders lang andauernden Zeitraum beschäftigt (hier: mehr als zwölf Jahre), so spricht ein vom Arbeitgeber zu widerlegendes Indiz für die rechtsmissbräuchliche Anwendung der Sachgrundbefristung (LAG Berlin-Brandenburg 6.5.2021 – 5 Sa 1572/20).
- Das in § 14 Abs. 2 Satz 2 TzBfG normierte Verbot einer sachgrundlosen Befristung im Falle einer Vorbeschäftigung bei demselben Arbeitgeber gilt nicht unbeschränkt. Die Vorschrift ist aufgrund der bindenden Vorgaben des BVerfG verfassungskonform auszulegen. Danach ist die Vorschrift nicht anzuwenden auf Fälle, in denen das Verbot für die Parteien unzumutbar wäre. Die Unzumutbarkeit kann dann gegeben sein, wenn die Vorbeschäftigung ganz anders geartet war. So liegt es nach Ansicht des BVerfG beispielsweise bei einer erzwungenen oder freiwilligen Unterbrechung der Erwerbsbiographie, die mit einer beruflichen Neuorientierung oder einer Aus- und Weiterbildung einhergeht. Erforderlich ist nicht allein eine zeitliche Unterbrechung der Erwerbsbiographie, sondern vor allem ein inhaltlicher Bruch in der Erwerbsbiographie. Dementsprechend kann nicht jede Aus- und Weiterbildung zur Unzumutbarkeit der Anwendung des Verbots nach § 14 Abs. 2 TzBfG führen. Die Aus- und Weiterbildung muss zu einer anderen Tätigkeit befähigen, die der Erwerbsbiographie des Arbeitnehmers eine völlig andere Richtung gibt (BAG 16.9.2020 – 7 AZR 552/19).

M. Gesetzesvorhaben und Reformideen

97. Welche gesetzlichen Änderungen plant die neue Bundesregierung bei der Befristung?

Nach dem aktuellen Koalitionsvertrag zwischen CDU, CSU und SPD vom 9.4.2025 soll das Teilzeit- und Befristungsgesetz angepasst werden, um das Anschlussverbot bei sachgrundloser Befristung in bestimmten Fällen zu lockern. Beschäftigungsverhältnisse während des Studiums werden künftig vom Anschlussverbot ausgenommen.
Zudem wird das Anschlussverbot aufgehoben, um Rentner nach Erreichen der Regelaltersgrenze eine befristete Weiterbeschäftigung beim vorherigen Arbeitnehmer zu ermöglichen. Dies soll ein freiwilliges Weiterarbeiten über die Regelaltersgrenze ermöglichen. Eine Umsetzung dieser Passage des Koalitionsvertrages erfolgt durch das Gesetz zur Stabilisierung des Rentenniveaus und zur vollständigen Gleichstellung der Kindererziehungszeiten. Dort ist eine Ergänzung des § 41 SGB VI vorgesehen, wonach § 14 Abs. 2 Satz 2 TzBfG nicht gilt für Arbeitnehmer, die die Regelaltersgrenze erreicht haben. Voraussetzung ist, dass eine Höchstdauer befristeter Arbeitsverhältnisse von insgesamt acht Jahren oder eine maximale Anzahl von zwölf befristeten Arbeitsverträgen nicht überschritten wird.

98. Gibt es Bestrebungen zur Einschränkung der sachgrundlosen Befristung?

Ja! Die SPD hat in ihrem Wahlprogramm für die Bundestagswahl 2025 angekündigt, die sachgrundlose Befristung von Arbeitsverträgen abzuschaffen und die Sachgründe für Befristungen kritisch zu überprüfen. Auch

Bündnis90/Die Grünen möchten die sachgrundlose Befristung abschaffen und die Sachgrundbefristungen auf ihre Notwendigkeit prüfen. DIE LINKE fordert, die sachgrundlose Befristung im TzBfG zu streichen. Sie will die zulässigen Sachgründe für Befristungen weiter beschränken. Die CDU lehnt dagegen die komplette Abschaffung sachgrundloser Befristungen ab. Sie betont aber, dass Befristungen die Ausnahme bleiben sollen.
Aber auch aus der Wissenschaft und den Instituten wurden Vorschläge zur Reform der sachgrundlosen Befristung unterbreitet. Hier einige Bespiele:

- WSI: Das WSI plädiert für eine Abschaffung der sachgrundlosen Befristung zugunsten von sachlich gerechtfertigten Befristungen.
- IAB: Das IAB plädiert für eine stärkere Beschränkung der sachgrundlosen Befristung sowie der Förderung unbefristeter Beschäftigung.
- DIW: Das DIW empfiehlt eine Einschränkung der sachgrundlosen Befristung durch zeitliche Begrenzung und Reduzierung der Verlängerungsmöglichkeiten.
- SVR: Der Sachverständigenrat zur Begutachtung der gesamtwirtschaftlichen Entwicklung hat in seinem Jahresgutachten 2022 empfohlen, die sachgrundlosen Befristungen zu beschränken, insbesondere durch Quotenregelungen und eine stärkere Regulierung von Kettenbefristungen.

Selbst die Bundesregierung hatte im Jahr 2021 einen Gesetzentwurf erarbeiten lassen, der die Einführung einer Obergrenze von 2,5 % sachgrundlos befristeter Verträge pro Unternehmen mit mehr als 75 Beschäftigten zum Inhalt hatte. Dieser Gesetzentwurf wurde letztlich nicht verabschiedet.

99. Welchen Standpunkt vertreten Gewerkschaften beim Thema Befristung?

Zum Teilzeit- und Befristungsgesetz:
Gewerkschaften wie der Deutsche Gewerkschaftsbund (DGB) und die Einzelgewerkschaften sehen die sachgrundlose Befristung als Ursache prekärer Beschäftigung und sozialer Unsicherheit an. Die Gewerkschaften fordern, dass befristete Arbeitsverträge nur noch mit einem sachlichen Grund zulässig sein sollen. Zusammengefasst fordern die Gewerkschaften

- eine Stärkung der Rechte befristet Beschäftigter durch bessere Informationspflichten,
- verbesserte Übernahmeregelungen,
- stärkere Möglichkeiten, gegen Kettenbefristungen vorzugehen,
- Abschaffung der sachgrundlosen Befristung bzw. eine kürzere Höchstdauer,
- Sanktionen für Unternehmen, die systematisch befristete Beschäftigung ohne Sachgrund einsetzen.

Zum Wissenschaftsarbeitszeitgesetz:
In der Stellungnahme des Deutschen Gewerkschaftsbundes (DGB), der Vereinten Dienstleistungsgewerkschaft (ver.di) sowie der Gewerkschaft Erziehung und Wissenschaft (GEW) zum Gesetzentwurf der Bundesregierung für ein Gesetz zur Änderung des Befristungsrechts für die Wissenschaft vom 8. 11. 2024 fordern die Gewerkschaften Folgendes:

- Der Qualifizierungsbegriff im WissZeitVG muss konkretisiert werden, um die ausufernde Nutzung dieses Sonderbefristungsrechts einzudämmen.
- Das Ziel wissenschaftlicher Qualifizierung ist mit dem Abschluss der Promotion erreicht und muss von wissenschaftlicher Berufstätigkeit, Berufserfahrung und Fortbildung abgegrenzt werden. Für die wissenschaftliche Qualifizierung braucht es klare Vorgaben, angemessene Vertragslaufzeiten und Beschäftigungsbedingungen.
- Daueraufgaben sind auf Dauerstellen zu erbringen.

Die GEW fordert eine radikale Reform des Wissenschaftsarbeitszeitgesetzes und hat auf der GEW-Wissenschaftskonferenz 2022 in Dresden einen eigenen Gesetzentwurf für ein Wissenschaftsentfristungsgesetz vorlegt – mit folgenden Eckpunkten:

- Eingrenzung des personellen Geltungsbereichs: Dauerstellen für Lehrkräfte und Wissenschaftsmanager,
- Einführung des Qualifizierungsbegriffs auf die Promotion,
- gesetzliche Verankerung von Mindestvertragslaufzeiten: In der Regel sechs, nicht weniger als vier Jahre,
- garantierte Qualifizierung in der Arbeitszeit: mindestens 50 % der Regelarbeitszeit,
- verlässliche Dauerstellenperspektive für Postdocs: keine Befristung ohne Entfristungszusage,

- verbindliche Nachteilsausgleichsregelungen,
- Mindestlaufzeit statt Höchstbefristung für studentische Beschäftigte,
- ersatzlose Streichung der Tarifsperre.

100. Welchen Einfluss hat die Digitalisierung auf befristete Arbeitsverhältnisse?

Es wird erwartet, dass die zunehmende Digitalisierung zu einer vermehrten Nutzung befristeter Arbeitsverträge führen wird. Begründet wird dies damit, dass Routinetätigkeit in Industrie, Verwaltung und Dienstleistungen zunehmend automatisiert werden. Dadurch fallen bisherige Arbeitsplätze weg und neue Arbeitsplätze entstehen, wobei aber offen ist, ob diese Arbeitsplätze dauerhaft etabliert werden können. Zudem dürfte es durch die Digitalisierung zu mehr projektbezogenen Tätigkeiten (z. B. IT-Einführungen, Softwareentwicklung) kommen. Angenommen wird auch, dass sich die Produktzyklen beschleunigen. Befristete Arbeitsverträge werden dann häufiger eingesetzt, um den projektbezogenen Personalbedarf abzudecken bzw. um schnell auf technologische Veränderungen eingehen zu können.

Schließlich werden in digitalen Arbeitsfeldern neue Kompetenzanforderungen anfallen bzw. durch den Einsatz von künstlicher Intelligenz wegfallen. Aus Arbeitgebersicht dienen befristete Arbeitsverträge in diesen Fällen dazu, die digitalen Fähigkeiten und Kompetenzen neuer Mitarbeiter zu erproben, bevor eine unbefristete Anstellung erfolgt.

Auch in den öffentlichen Verwaltungen dürften viele Digitalisierungsprojekte eher zeitlich begrenzt laufen. Stellen werden dann tendenziell befristet ausgeschrieben, weil sie mit befristeten Haushaltsmitteln hinterlegt sind.

Stichwortverzeichnis

Kompetenz verbindet

Ewald Helml

Urlaub

Umfang und Festlegung, Verfall und Abgeltung, Mitbestimmung für Betriebs- und Personalräte
2025. 122 Seiten, kartoniert
€ 24,–
ISBN 978-3-7663-7526-1

Wann genau verfällt nicht genommener Urlaub? Wie viele Tage stehen jedem zu? Und welche Rolle spielen Betriebs- und Personalräte bei der Mitbestimmung? Diese Broschüre liefert die Antworten – strukturiert in über 100 praxisnahen Fragen und fundierten Antworten. Statt trockener Paragrafen gibt es hier Klartext: verständlich, kompakt und auf den Punkt gebracht. Ein unverzichtbarer Begleiter für alle, die im Arbeitsalltag den Durchblick beim Thema Erholungsurlaub behalten wollen – sei es als Betriebs- oder Personalrat oder als Beschäftigter.

Vorteile auf einen Blick:

- 100 praxisnahe Fragen und Antworten zum Urlaubsanspruch
- Beispiele und Checklisten zur Unterstützung im Arbeitsalltag
- Im Fokus: Auswirkungen der aktuellen Rechtsprechung

Bund-Verlag